の冬まで、年に2回、合計● 国の韓国語学習者を対象とした「●●● ●行ってきました。開催地は北海道●●●●●加者はリピーターも含めて延べ450●●●●●●学習者の皆さんにお会いし、発音の悩●●●●●ることで、私自身もたくさんのことに気付き、学ばせていただきました。その中で「こうすればうまくいく」というコツとポイントが徐々にまとまってきました。この本は、その集大成と言えるものです。

　この本は、大きく二つの章に分かれています。前半の入門編「通じるための韓国語」と後半の発展編「ネイティブっぽい韓国語」です。

　「通じるための韓国語」は母音と子音の話から始まり、日本語ネイティブが特に苦手とするパッチムや激音・濃音、そして発音変化などについての章で、その名の通り「ネイティブに一発で通じる」にはどんなことに気を付ければよいかをまとめました。

　「ネイティブっぽい韓国語」は、なんとなく意思疎通はできるのだけど、どうしても「日本人っぽい韓国語」から抜け出せない人たちのために、アクセント・イントネーション・リズムを中心に、どうすればネイティブに近づけるのかというテクニックをまとめました。

　そのため、この本は韓国語を勉強し始めたばかりの方（もしくはこれから韓国語をスタートしてみようと思っている方）から、中上級レベルの経験者の方まで幅広く楽しんでいただける内容になっています。その時その時の自分の韓国語学習のステージに応じて、末永く手元に置いていただけたら、そして、皆さんに韓国語の発音の楽しさを実感してもらうためのお役に立つことができたなら、著者としてこんなにうれしいことはありません。

著者　稲川右樹

本書の使い方

　本書は、前半の入門編全7課と、後半の発展編全4課で構成されています。各課には、本文解説の他、イラストによる説明や音声による実例が示されています。また、各課の終わりにはコラムを掲載しているところがあります。

❶ 解説

各課のテーマに沿って、具体例を挙げながら解説しています。大切な箇所には色を付けているので、一目で分かります。

❷ 練習

解説の後には、3種類の練習セクションを設けました。

 聴いてみよう

解説で出てきた発音が実際にはどのような音なのか、音声を聴いて確認してみましょう。

 発音してみよう

解説で出てきた発音方法を、実際に自分でも試して発音してみましょう。これにも音声が付いているので、その通りに発音できているか確認してみてください。

 考えてみよう

発音の仕組みについて、じっくり考えてみましょう。答えはセクションのすぐ後にあります。

ちょっとしたコツで、
すぐに変化を実感

新装版

ネイティブっぽい韓国語の発音

稲川右樹 著・本文イラスト

HANA

はじめに

ネイティブっぽく韓国語を話したい全ての人へ

「韓国語は発音が難しい!」

韓国語教育の仕事をしていると、決まって耳にするのが学習者のこのような悩みです。よく「韓国語は日本語に最も近い外国語」などと言われます。確かに語彙や文法、表現に注目すれば、韓国語ほど日本語ネイティブにとって学びやすい外国語もないでしょう。もちろん似ているからこそ陥りやすい落とし穴も少なくないのですが、それにさえ気を付けて勉強すれば、驚くほど短期間にかなりのレベルの語彙、文法、表現の力を身に付けることができます。しかし、どんなにレベルアップしても学習者を悩ませ続けるのが、ずばり韓国語の「発音」です。外国語学習において発音ほど個人差が顕著に出るものもありません。何十年学んでもいかにも「日本人っぽい」発音から抜け出せない人もいれば、数カ月しか学んでいないのにネイティブ顔負けの自然な発音を身に付けてしまう人もいます。このような差はよく「あの人はセンスがいい」とか「生まれつき耳がいい」などのように、個人の努力ではどうしようもない問題のように語られるのが常でした。

本当にそうなのでしょうか?

私は決してそんなことはないと思います。もちろん生まれつき言語センスが良く、すんなりと自然な発音を身に付ける人がいるのは事実ですが、そうではない大部分の人も「幾つかのコツ」を知り「幾つかのポイント」を押さえることで、発音の力を飛躍的に伸ばすことは可能であると信じています。

そのような信念を持って、私は 2014 年度の夏から 2017 年度

目　次

入門編　「通じるための韓国語」

第 1 課　通じない理由　008
第 2 課　母音　014
第 3 課　子音　036
第 4 課　パッチム　052
第 5 課　激音・濃音　080
第 6 課　発音変化　096
第 7 課　外来語の発音　126

発展編　「ネイティブっぽい韓国語」

第 1 課　「〜っぽさ」とは何か　142
第 2 課　アクセント　148
第 3 課　イントネーション　180
第 4 課　リズム　204

コラム

1　虹の色の数は？　013
2　ネイティブは、ティーチャーではなくチェッカーとして使え！　035
3　日本語にもあった二重母音　051
4　漢字を知ればパッチムが分かる　079
5　韓国語の発音は「水彩画」　124
6　韓国語ネイティブの間でも意見が分かれる流音化　125
7　外来語は伸ばさずに発音せよ！　140
8　日本の方言別、韓国語発音得意なこと苦手なこと　147
9　時代によって変化するアクセント・イントネーション　178
10　どこまでをひとまとまりとして見るか　203
11　アクセント・イントネーション・リズムを一人で練習する方法　213

新装版について

本書は、2019年に出版された『ネイティブっぽい韓国語の発音』の聞き取り
音声をダウンロード提供のみに変更した新装版です。音声CDは付属しており
ません。

音声について

本書の音声は、小社ホームページ（https://
www.hanapress.com）からダウンロードで
きます。トップページの「ダウンロード」バナー
から該当ページに移動していただくか、右記
QRコードからアクセスしてください。

入門編

「通じるための韓国語」

第1課　通じない理由　　　　　008

第2課　母音　　　　　　　　　014

第3課　子音　　　　　　　　　036

第4課　パッチム　　　　　　　052

第5課　激音・濃音　　　　　　080

第6課　発音変化　　　　　　　096

第7課　外来語の発音　　　　　126

第 1 課　　通じない理由

① 日本人を悩ます「通じない問題」

　皆さんは、「新村・新川問題」あるいは「ストロベリーラテ問題」をご存じ
でしょうか?

　どちらもソウルを訪れた日本人旅行客、特に韓国語学習者を長年にわ
たって苦しめている問題です。ソウル市内には一大学生街である**新村**(新
村)と、江南エリアの住宅街である**新天**(新川)という二つの地名があります。
この二つはソウル市内の端と端と言っても過言ではないほど離れた場所に
あるのですが、日本人旅行客がタクシーに乗った際に「新村に行きたかった
のに新川に着いてしまった!」「新川で約束があったのに降りてみたら新村
だった!」という事態が頻発しているのです。これは、二つの地名の**촌**(村)
と**천**(川)がどちらも日本語ネイティブの耳には「チョン」として認識され、
区別ができていないことが原因です。

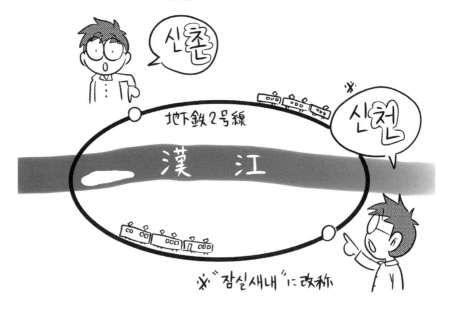

　また都合の悪いことに、最近までこの二つは同じ地下鉄2号線の路線上にあり、被害者発生に拍車を掛けていました。2016年に新川の方が駅名を変更して多少被害が減ったようですが、新しい駅名は**잠실새내**と、発音のハードルは決して下がっていません。

　また「ストロベリーラテ問題」の場合は、ソウル市内のオシャレなカフェで、旅行客が**딸기라떼**（ストロベリーラテ）を注文しようとするも、店員に「え？」「え？」「え？」と何度も何度も聞き返されたためにすっかり心が折れてしまい、結局一番無難な**아메리카노**（アメリカーノ）を頼まざるを得なくなるという問題です。

　この二つの問題は、いずれも韓国語の発音がネイティブに「通じない」ことが原因です。そして同じ「通じない」にしても、「新村・新川問題」と「ストロベリーラテ問題」では、その「通じなさの種類」が異なります。まず「新村・新川問題」は、自分はAと言っているのに相手はBだと思うケース。そして「ストロベリーラテ問題」は、自分がAと言っているのに相手は「何それ？」と思うケースです。前者の場合は自分の行きたい場所や食べたい物とは全く違う結果になってしまいぼうぜんとしますし、後者の場合は何度も何度も「え？」「何？」「なんて？」と聞き返されて（韓国人の聞き返し方は日本人にとっては結構怖かったりします）、すっかり自信をなくしてしまいます。

　では、自分は十分に気を付けて発音しているつもりなのに、どうして「通じない」ということが起こるのでしょうか？　そもそも発音が「通じない」というのはどういう状況なのでしょうか？

　そのためにはまず、逆に発音が「通じる」というのはどういうことなのか考えるのが手っ取り早い方法です。自分が「あ」だと思って発した音が、相手にとって「い」でも「え」でもなく「あ」として間違いなく聞こえる状態が「通じる」という状態です。これは自分と相手の間に「音の線引き基準」が共有されているから可能なことです。人間が発声できるさまざ

な音のうち、「ここからここまでを『あ』ということにしよう」「ここまでは『か』で、ここからは『が』ということにしよう」という線引き基準が、同じ言語の話者同士では暗黙のうちに共有されています。だから日本語話者は「板橋」と「飯田橋」、「金閣寺」と「銀閣寺」をきちんと聴き分け、言い分けることができるのです。しかし、音の線引きが異なる外国人にとってはこれらの地名を言い分けるのは至難の業です。その結果、われわれが韓国で直面する「新村・新川問題」のようなことが彼らにも起こってしまいます。特に思春期以降に語学学習を始めた学習者の場合、どうしても母国語の音の線引きを基準に考えてしまう癖がついているため、新しい音の線引きを受け入れるのが難しいのですが、だからといって諦めることはありません。少し心を開いて、今までとは全く異なる音の線引き基準が世の中にはあるということを発見するだけでも、「通じるための韓国語」に向けた大きな前進なのです。それにはまず、「音声」と「音韻」というものを理解する必要があります。

② 音声と音韻の話

　目の前にあふれんばかりの色彩に満ちた大自然があると思ってください。あなたはこれから色鉛筆で目の前の風景を写生しなくてはいけません。露にぬれた木の葉を、さらさら流れる小川を、太陽の光を、空の色を表現するのに、何色の色鉛筆があればいいと思いますか？

　どうして突然こんなことを言い出すのかと思われたかもしれませんが、これが「音声」と「音韻」を理解するためのヒントとなります。限られた色鉛筆で自然界を写生するためには、「どこからどこまでを赤で塗るか」「どこまでが青で、どこからが緑か」という線引きをしなくてはいけません。これは音の世界も同じです。世の中にあふれている無限の音、それをそのまま再現するわけにはいかないので、「バキッ」とか「ピヨピヨ」とか自分の持っている

音の範囲で表現することになります。目の前に広がる自然の風景そのもの、あるいは世の中に存在する音そのものが「音声」、そしてそれを表現するために自分が持っている色鉛筆、あるいは自分が使いこなせる音の範囲が「音韻」です。どれだけの色鉛筆を持っているかというのは言語によって異なります。12色がちょうどいいと言う人もいれば、64色ないと困るという人も、逆に6色で十分だと言う人もいるわけです。12色の人からすれば、64色は多すぎて逆にこんがらがりそうだと思いますし、6色はそんなに少なくて大丈夫かと思うでしょう。

　言語も同じだと思ってください。例えば母音の場合、日本語は「あいうえお」の五つです。つまり日本人は世の中の音を表すのに5色の色鉛筆があればいいと思っており、特に不自由を感じていません。しかしより多くの母音を持つ言語の話者にしてみれば、「たった五つ？　不便じゃない？」と思うはずです。外国語の発音習得においては、「音声」そのものよりも、言語ごとの音の線引き、つまり「音韻」を理解することが重要です。自分は12色の色鉛筆で十分だと思っていたけど、世の中にはそうじゃない人がいるんだという事実に気付くことです。
　「通じるための韓国語」に近づく第一歩は、今まで信じて疑わなかった世の中の音の線引きとは別に、全く異なる線引きがあるという事実を受け入れることから始まります。では、韓国人は世の中の音をどう捉えているのか、見ていくことにしましょう。

どんな分け方ができるでしょうか？

水　麦茶　サイダー　コーラ　ビール　日本酒　ワイン

例えば…

無色

有色

それとも…

ソフトドリンク

お酒

物事を分ける基準はさまざま。
それは発音の世界でも
同じことです。

日本語の

か・が

と…

韓国語の

가・어・꼬

は、それぞれ
全く異なる基準で
区別されています。

コラム 1 　虹の色の数は？

　雨上がりの空に虹が出るとなんだかラッキーな気持ちになりますよね。ところで皆さんは虹って何色だと思いますか？　「え、そんなの7色に決まってるじゃん」と思うかもしれません。でも実際の虹を見ると色テープのようにきれいに7色に分かれているわけではありませんよね。赤から紫にかけて移り変わる無限のグラデーションが虹であり、どこにも色と色を分ける境界線などありません。つまり虹が7色なのではなく、正確に言えば「7色ということにしてある」にすぎないということです。現に世界には虹を5色だと考えたり、2色だと考えたりする文化もあります。これを音の世界に当てはめると、虹そのものは世の中にあふれている実際の音、つまり「音声」です。そして「これぐらい区別がつけば不都合はなさそうだから7色ということにしておこう」というのが、「母音は五つに分けておこう」とか「これとこれは違う音としておこう」という音の線引き、つまり「音韻」となるのです。外国語の発音を学ぶということは、つまりその話者たちの音の分け方である「音韻」を学ぶということに他なりません。そのためにはまずは自分が今まで信じて疑わなかった「虹は7色だ」「母音は5個だ」という枠組みをいったん取り外すプロセスが必要不可欠になってくるのです。

1　母音とは何か

　「母音とは何か」。突然こんな風に聞かれたらみなさんはどう答えますか？　「えっ……母音って『あいうえお』でしょ?」と答えるでしょうか? じゃあ、世の中に母音というのは「あいうえお」の五つしか存在しないんでしょうか?　では、「新村・新川問題」を引き起こしている韓国語のㅓ・ㅗの区別はどうなるんでしょうか?

　ちょっと意地悪な質問をしましたが、普段よく「母音、母音」と言う割に、改めて「母音って何ですか?」と聞かれるとなかなかうまく答えられないですね。じゃあ、日本語の「お」と韓国語のㅓ、そしてㅗにそれぞれ共通することは何か考えてみましょう。それはつまり「変えずにずっと出せる音」ということです。「あ」にしても「お」にしても、またㅓにしてもㅗにしても、その音をずっと持続させることができますよね（もちろんどこかで息を吸わないと死んでしまいますけど）。私はよく母音のことを「音のリリース（開放）」と言っています。人間が口の中の空間を開放してずっと出すことができる音が母音だということです。つまり、世の中にはおびただしい数（ほぼ無限）の母音が存在し、日本人は便宜上それらを「あいうえお」の五つに分けて納得しているということになります。

2　日本語と韓国語の母音を作る場所

　人間が声を作り出す部分、つまり人間の発声器官は、それ自体が非常に複雑で高度な構造を持った一つの楽器のようなものです。楽器の中でも息を共鳴させて音を作り出す管楽器、つまりクラリネットやリコーダーの仲間

だと言えます（喉の奥で弦をボロンボロンかき鳴らして話す人はいませんよね？）。音楽の時間にリコーダーを習った時のことをちょっと思い出してみてください。どのようにドレミファソラシドの音階を作り出したでしょうか？リコーダーの側面に空いている穴をふさいだり開けたりすることによって、笛の中の空気（気柱）の形を変え、空気の振動に変化を付けることで、異なる音階を生み出すのです。人間も同じです。口や喉、鼻などいろんな部分への空気の通り道を開けたり閉めたりすることによって、多種多様な音を作り出しているのです。さっき母音は「変えずにずっと出せる音」だと言いました。では、われわれはどうやって母音を作り分けているのでしょうか？

　それは主に「舌のポジショニング」に秘密があります。口の中のどの辺で舌を固定して息を出すか、その狭まり具合によって空気の形が変わり、われわれの耳にさまざまな母音となって聞こえるわけです。例えば「い」と発音してみてください。舌が口の天井スレスレのところまでせり上がってきて、空気の出口が狭まっているのが分かりますか？　では今度は「あ」と発音してみましょう。舌が下顎をぐっと押し下げて、空気の通り道が広く開放されましたよね。こんなふうに舌の位置を調整することで母音を変化させているのです。なお、舌の位置の他に「唇のすぼめ具合」も空気の形の変化付けに一役買っています。

　では、舌（の盛り上がった部分）が口の中のどの辺に来たときにどんな母音として聞こえるのか、日本語の場合と韓国語の場合で比べてみましょう。

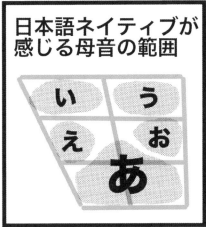

日本語ネイティブが
感じる母音の範囲

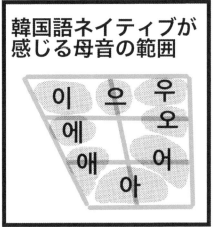

韓国語ネイティブが
感じる母音の範囲

　どうですか？　結構違いますよね？　では、日本語の「あいうえお」を基準に詳しく見てみましょう。

あ：まず目立つのが日本語の「あ」の範囲の大きさです。これはつまり日本語ネイティブが「あ」と感じる音の幅がとても広いということを表します。一部は韓国語のㅐ、ㅓの範囲とも重なっています。ただ、日本語ネイティブが普通に発音する「あ」は、韓国語ネイティブの耳にもほぼ間違いなくㅏとして認識されます。

い：これは日韓で音の線引きがほとんど一致するところです。日本人が「い」と発音すれば韓国人にはほぼ間違いなく｜に聞こえますし、その逆も同じです。

う：「う」を見ると韓国語では丅、ー の二つの範囲に分かれています。じゃあ、日本人は「う」をどっちで発音しているのか？　これは、実は「どっちもアリ」というのが答えになります。年齢や方言または個人の癖によって、丅寄りの人もー寄りの人もいます。つまり、「うさぎ」を「우さぎ」と言う人も「으さぎ」と言う人もいるということです。ここで大事なことは、「우さぎ」と発音しようが「으さぎ」と発音しようが、日本語を話している場面においてはそれはどうでもよく、誰にも「ちょっと！　으さぎじゃないよ！　우さぎでしょ！」と訂正されることはありません。でも、「이さぎ」と言われた瞬間「はあ？」となりますよね？　それは発音のズレが「許容範囲」を超えてしまったからです。これがまさに音韻です。

え：ㅔとㅐに分かれていますが、ここでグッドニュース。現代の韓国語においてはㅔとㅐの音韻上の線引きはほぼ消失しました。つまり「どっちでもいい」ようになったのです！　そう、日本語の「え」の発音でまず問題は起きません。ただ、ㅐは一部「あ」とも重なっており、ある種の母音は日本語ネイティブの耳には「あ」に、韓国語ネイティブの耳にはㅐに聞こえるという現象が起こります (P.127-128)。

お：ここがまさに「新村・新川問題」の原因を引き起こしているポイント。日本語の「あ」とも重なる部分からㅓが始まり、上に行くとㅗが出現します。さっきの「う」と同様、これらは日本語では「どうでもいい違い」なのですが、韓国語ネイティブにとってそれは「コーラとサイダー、どっちも炭酸なんだから一緒！」ぐらいの暴言に聞こえてしまいます。ここはやはり違う色の色鉛筆で塗り分けてほしい！と思っているのです。

さて、こう見ていくと日本語ネイティブにとっての韓国語の母音の課題は「う」と「お」、つまりㅜ・ㅡ、ㅓ・ㅗであるということが分かります。ということで、ここからは日本語ネイティブが苦手なこの四つの母音について集中的にクリニックしていきましょう。

③　日本人が苦手なㅜ・ㅡ、ㅓ・ㅗ

　世にあふれる韓国語のテキストを見ると、「ㅡは『い』の口の形で『う』と言う」とか「ㅗは日本語の『お』よりも唇を突き出す」とか、あの手この手で日本人学習者にとって発音上の最初の難関であるこれらの母音を説明しています。もちろん、その一つひとつは理にかなったことではあるのですが、それはあくまでも「それを書いた人にとっての正解」であって、「全ての人にとっての正解」とは限りません。例えば日本語の「お」一つ取っても、最初から口を突き出して発音している人もいれば、口を開け気味に発音している人もいるように、かなりの個人差があります。最初から口を突き出して発音している人にしてみたら「もっと突き出して！」と言われても困ってしまいますよね。また、ㅜ・ㅡの区別ができないままやみくもに練習していても、自分の望むタイミングで欲しい音を出すことはできません。
　まずは、それらの音の間に違いをはっきりと感じ取る。つまり、「音の線引き」を自分の感覚で発見するのが先決なのです。ここで大事なのは、あくまでも自分の感覚です。

　では、ここで次の音声を聴いて、その音から「どんな感じを受けるか」、つまり音の印象を書いてみましょう。その音を「生まれて初めて聴いた気持ち」になって、「ちょっと重い」「鋭い感じがする」「暗い」「オレンジっぽい」「カエルに似てる」など何でもいいので、とにかく自分的にはどんな感じに聞こえるのかを何か一言書いてみてください。

 聴いてみよう1 　TR01

次の音を聴いてどんな感じを受けるか自分なりの言葉で書いてみましょう。

ㅜ　（　　　　　　　　　　　　　　　　　　　）

ㅡ　（　　　　　　　　　　　　　　　　　　　）

ㅓ　（　　　　　　　　　　　　　　　　　　　）

ㅗ　（　　　　　　　　　　　　　　　　　　　）

　いかがですか？　ここで一番大事なことは「二つの音の間に確かに違うものを感じた」ということです。それこそが、今までは意識してこなかった「新しい音の線引き」を発見した瞬間なのです。

　では、自分の発見した音の線引きがどれぐらい通用するのか検証してみましょう。［聴いてみよう1］で書いた基準を基に、次の音声を聴き分けてみてください。つまり仮に「ㅜは青っぽい」「ㅡは黄色っぽい」と感じた人は、「青っぽい（ㅜ）、黄色っぽい（ㅡ）、黄色っぽい（ㅡ）、青っぽい（ㅜ）……」というように聴き分けてみるわけです。

聴いてみよう2 　TR02

自分の感覚を基に次の音を聴き分けながら書き込んでください。

① 　（　　　　）（　　　　）（　　　　）（　　　　）（　　　　）

② 　（　　　　）（　　　　）（　　　　）（　　　　）（　　　　）

③ 　（　　　　）（　　　　）（　　　　）（　　　　）（　　　　）

④ ( ) ( ) ( ) ( ) ( )

⑤ ( ) ( ) ( ) ( ) ( )

⑥ ( ) ( ) ( ) ( ) ( )

⑦ ( ) ( ) ( ) ( ) ( )

⑧ ( ) ( ) ( ) ( ) ( )

⑨ ( ) ( ) ( ) ( ) ( )

⑩ ( ) ( ) ( ) ( ) ( )

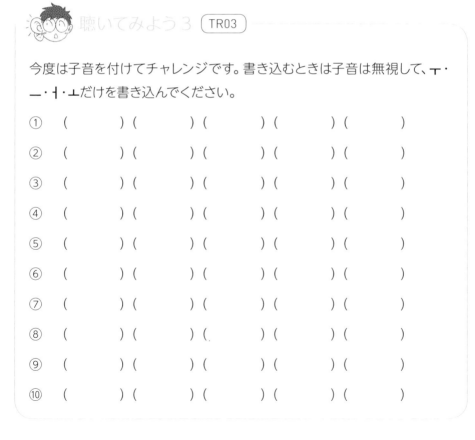 聴いてみよう3 〔TR03〕

今度は子音を付けてチャレンジです。書き込むときは子音は無視して、ㅜ・ㅡ・ㅓ・ㅗだけを書き込んでください。

① ( ) ( ) ( ) ( ) ( )

② ( ) ( ) ( ) ( ) ( )

③ ( ) ( ) ( ) ( ) ( )

④ ( ) ( ) ( ) ( ) ( )

⑤ ( ) ( ) ( ) ( ) ( )

⑥ ( ) ( ) ( ) ( ) ( )

⑦ ( ) ( ) ( ) ( ) ( )

⑧ ( ) ( ) ( ) ( ) ( )

⑨ ( ) ( ) ( ) ( ) ( )

⑩ ( ) ( ) ( ) ( ) ( )

うまく聴き分けられたでしょうか？　では、答え合わせをしましょう。
なお、［聴いてみよう2］と［聴いてみよう3］の答えは共通です。

① ㅜㅡㅡㅜㅡ　②ㅡㅡㅜㅡㅜ　③ㅜㅜㅡㅜㅜ　④ㅜㅡㅜㅜㅡ
⑤ㅡㅜㅜㅡㅜ　⑥ㅗㅗㅗㅓ　⑦ㅓㅓㅗㅓㅗ　⑧ㅓㅓㅗㅗㅓ
⑨ㅗㅓㅓㅗㅓ　⑩ㅓㅗㅗㅓㅓ

「シュッとしたㅗ」と「アホなㅓ」

　「新村・新川問題」の元凶であるㅓ・ㅗの区別。あくまでも「自分の感
覚」で線引きを感じ取ればいいのですが、韓国語発音セミナーをしたとき
に（特に関西で）効果があった発音のコツがあります。それがこちら。

　つまり、ㅗを発音するときはできるだけ「シュッとした気持ち」で、ㅓを
発音するときには「アホな気持ち」で発音すると、その音が出やすいとい
うものです（注：効果の程には個人差があります）。では、気持ちを込め
て発音してみましょう。

021

今度は絵だけを見て発音してみましょう。

今度は字を見て発音します。

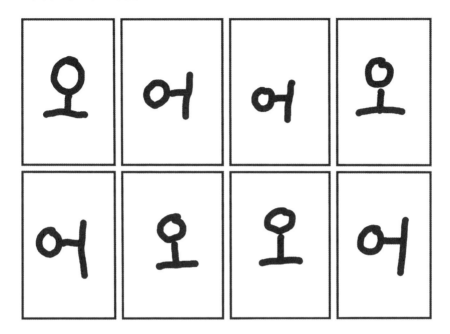

오	어	어	오
어	오	오	어

　どうですか？　だんだんそれぞれの音の要領がつかめてきましたか？
では今度は実際の単語で応用練習してみましょう。

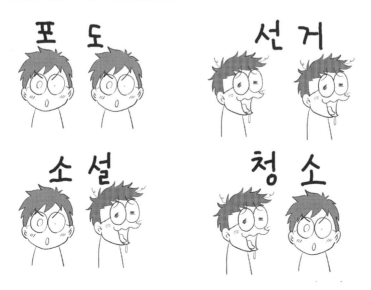

포 도

선 거

소 설

청 소

それぞれの母音の「音の線引き」がだんだん分かってきたら、次はいよいよ自分で発音してみましょう。

[聴いてみよう1] で感じ取った音のイメージを意識して発音してください。

① ㅜ ㅜ ㅜ ㅡ ㅜ

② ㅡ ㅡ ㅡ ㅜ ㅡ

③ ㅜ ㅡ ㅜ ㅡ ㅜ

④ ㅡ ㅜ ㅡ ㅜ ㅡ

⑤ ㅗ ㅗ ㅗ ㅓ ㅗ

⑥ ㅓ ㅓ ㅓ ㅗ ㅓ

⑦ ㅗ ㅓ ㅗ ㅓ ㅗ

⑧ ㅓ ㅗ ㅓ ㅗ ㅓ

⑨ ㅗ ㅜ ㅓ ㅡ ㅗ

⑩ ㅡ ㅗ ㅜ ㅓ ㅡ

次は単語にチャレンジです。音の違いを意識して言い分けることができますか?

①굴　　글
②둘　　들
③이슬　이 술
④벌　　볼
⑤커피　코피
⑥신촌　신천

〈日本語訳〉①カキ、文章　②二つ、〜たち　③露、この酒　④蜂、ボール　⑤コーヒー、鼻血　⑥新村、新川

 発音してみよう 3 [TR06]

いよいよ文章単位にチャレンジです！ 次の四つを言い分けてみましょう！

①고기는 고기다
②거기는 거기다
③고기는 거기다
④거기는 고기다

〈日本語訳〉①肉は肉だ　②そこはそこだ　③肉はそこだ　④そこは肉だ

いくら発音の感覚を身に付けたと思っても実際に確かめてみなくては意味がありません。

そこで自分の感覚が正しいかどうかチェックする方法をご紹介します。

韓国語ネイティブの知人がいる場合は…。

어と오のどっちで聞こえる？

어!!（のつもり）

오

……

そして、韓国語学習者同士で当て合いっこする方法。

오 어

自分の感覚で言う

←当てる→

Go●gleやNAV●Rなどの音声認識を利用する方法。

신촌!!（のつもり）

신천

いずれにしても、大事なのは結果をちゃんと見直して自分にとって弱い発音は何なのか、しっかり分析することです！

……

④ 二重母音

　ハングルを覚え始めた頃、自分の名前のうち「いなが」は**イナガ**と書けるけど、最後の「わ」はどんなふうに書けばいいのかちょっと迷ったことがあります。そして、**와**というハングルにたどり着きものすごく感動したのを今でもよく覚えています。普段何気なく発音している「わ」の正体をハングルという異国の文字を通して初めて知ることができたからです。
　「わ」という音を出すためには、発声のスタート地点とゴール地点で母音を変化させる必要があります。つまり、最初は「お」の辺りでやや突き出し、すばやく「あ」を添え、その瞬間に出るのが「わ」ということです。それが見事に**와**というハングル一文字の中に収まっていたのです。ハングルってよくできた文字だなあとその時改めて思いました。

このように、ある母音から別の母音に移る際に作られる音を二重母音と言います。韓国語の二重母音はハングルに示されているスタートとゴールの二つの母音をしっかりと意識して発音することがコツです。日本人が比較的問題なく発音できるのは、次の4種類です。

　　ㅘ：ㅗからㅏに移る音
　　ㅟ：ㅜからㅣに移る音
　　ㅙ/ㅞ/ㅚ：ㅜからㅔに移る音
　　ㅝ：ㅜからㅓに移る音

　それぞれ日本語の「わ」「うぃ」「うぇ」「うぉ」そのままでほぼ間違いなく通じます。ㅙ/ㅞ/ㅚは文字は異なるのでちょっと難しく考えてしまいそうですが、現代の韓国語では同じ音だと思って構いません（ただし書くときはちゃんと注意して書き分けてくださいね！）。実際ほとんどのネイティブはこの三つを区別していません。このうちㅚは、ハングルの表記と実際の音の間にギャップがあるので気を付けてください。

発音してみよう 4 TR07

スタートとゴールの音をしっかり意識して発音してみましょう。

① 와 와 와 와 와
② 워 워 워 워 워
③ 왜 웨 외 왜 웨
④ 위 위 위 위 위

⑤와 워 와 워 와
⑥웨 위 왜 위 외
⑦와 위 웨 워 와

発音してみよう5　TR08

二重母音で始まる単語を練習してみましょう。

①와인　와요　와
②워낙　워드　워터
③왜요? 웨딩　외국인
④위약　위반　위인

〈日本語訳〉①ワイン、来ます、わあ　②いかんせん、ワード、ウォーター　③どうしてですか？、ウエディング、外国人　④胃薬、違反、偉人

　さて、韓国語の二重母音の中には日本人にとって少しハードルが高いものが一つあります。それがこれです。

　ㅢ：ㅡから ㅣに移る音

　これをㅟや ㅣと混同してしまう人が多いのですが、ここでもやはりㅡから ㅣに移るということをしっかり意識しなくてはいけません。特にㅡできれいにスタートを切るのがポイントとなってきます。

発音してみよう6 （TR09）

P.019の［聴いてみよう1］で感じ取った音のイメージを意識して発音してください。

① 의 의 의 의 의
② 이 이 이 이 이
③ 위 위 위 위 위
④ 의 이 의 이 의
⑤ 의 위 의 위 의

　ちなみにこのᅴですが、二重母音で発音されるのは語頭に来たときだけで、2音節目以降は ㅣ で発音されます。また、所有・所属などを表す助詞「～の」の意味で使われる場合はㅔで発音されます。

発音してみよう7 （TR10）

ᅴが使われる単語を発音してみましょう。

① 의사　　의미　　　의심
② 거의　　편의점　　여의도
③ 나의　　친구의　　일본의
④ 민주주의의 의의

〈日本語訳〉①医者、意味、疑い　②ほとんど、コンビニ、汝矣島　③私の、友達の、日本の　④民主主義の意義

⑤　子音+二重母音

　さて、韓国語の二重母音について練習していますが、今まではほんの準備運動。実は二重母音の発音で日本語ネイティブにとって最も難しいのは子音と組み合わさった時の発音です。現代の日本語ではこのタイプの音はほぼ使われないため、日本語ネイティブは**봐요**を「**바요**」、**돼요**を「**데요**」のように発音してしまいがち。しかし、そうすると韓国語ネイティブの耳には「手抜きの発音」に聞こえてしまうようです。やはりここでも母音のスタートとゴールの位置をしっかり意識して発音しましょう。この一手間を加えることによって、熟成したワインのように音に深みが出て、ぺったんこで地味だった輪郭が途端にグラマラスでセクシーな感じになりますよ。特に**ㅘ**、**ㅝ**などの二重母音は**봐요**、**바꿔요**など、動詞や形容詞を**해요**体に変化させるときに多用されるので、しっかり練習しておいてください。なお、**ㅢ**は子音と組み合わさると**ㅣ**で発音されます。

二重母音は**SEXY**に！

発音してみよう8 TR11

音の違いに注意して発音してみましょう。

① **가 가 가 과 가**

② **너 너 너 눠 너**

③ **데 데 데 돼 데**

④ **시 시 시 쉬 시**

⑤ **히 히 히 휘 히**

発音してみよう9 TR12

子音の付いた二重母音で始まる単語の発音を練習しましょう。

① **과장님 봐요 좌우**

② **뭐예요? 줘요 꿈을 꿔요**

③ **괜찮아요 돼요 최고**

④ **귀 취직 튀김**

〈日本語訳〉①課長、見ます、左右 ②何ですか？、あげます、夢を見ます ③大丈夫です、なります、最高 ④耳、就職、天ぷら

⑥　「이」タイプの母音

　韓国語を習い始めると、最初の方で**아、야、어、여、오、요、우、유、으、이**という並びの「基本母音」を教わったと思いますが、ちょっと不思議に思いませんでしたか？　日本語では「や・ゆ・よ」は「半母音」と言って「あいうえお」とは別個に考えますが、韓国語では「母音」ということになっており、辞書に収録される単語などもこの配列にのっとっています。「や行」が母音に含まれるというのは、日本語ネイティブの感覚からするとちょっと変な感じがしますよね？　このテキストはあくまでも日本語ネイティブに理解しやすいようにというポリシーのもとに書かれているので、ここまでは皆さんに親しみのある「あいうえお」を基準にしてきました。

　先ほど二重母音を「ある母音から別の母音に移る際に作られる音」と説明しましたが、二重母音の場合はハングルの形に音の変化が現れているのに対し、ㅑやㅖなどはそうではありません。母音の一部に短い棒が追加されるだけです。このタイプの母音には共通点があります。それはㅣから変化する母音だということです。このタイプの母音には次の種類があります。

ㅑ：ㅣからㅏに移る音
ㅠ：ㅣからㅜに移る音
ㅐ/ㅖ：ㅣからㅐ/ㅔに移る音
ㅛ：ㅣからㅗに移る音
ㅕ：ㅣからㅓに移る音

　このうち、ㅑ、ㅠ、ㅐ/ㅖはそれぞれ日本語の「や、ゆ、いぇ」の発音で問題ありません。日本語ネイティブにとっての課題はㅕとㅛの区別です。とはいえ、これも結局はㅓとㅗの区別がしっかりできるかどうかがポイントとなりますので、先ほどの3（P.018）の内容をしっかり復習してください。

この「이」タイプの母音、発音のハードル自体はさほど高くないのですが、実は後ほど学ぶ発音変化の「ㄴ挿入」の頃（P.103）で非常に重要な役割をするので、それまで頭の片隅にしっかりしまっておいてください。

発音してみよう10　TR13

音の違いに注意して発音してみましょう。

① 이 아 야 이 아 야
② 이 우 유 이 우 유
③ 이 에 예 이 에 예
④ 이 오 요 이 오 요
⑤ 이 어 여 이 어 여
⑥ 요 요 요 여 요
⑦ 여 여 여 요 여
⑧ 요기　여기　효도　혀도

〈日本語訳〉⑧軽食、ここ、親孝行、舌も

　これは発音に限りませんが、身近に韓国語ネイティブの知り合いがいると、ついつい学習中に生まれた疑問を「これってどういうこと？」「これとこれって何が違うの？」と質問したくなります。しかし、誤解を恐れずにあえて言うなら、そのような質問に対して的確な回答ができるネイティブはほとんどいません（もちろん韓国語教育法をきちんと学んだネイティブは別）。例えば皆さんが韓国人に「日本語の『会えば』と『会うと』と『会ったら』って何が違うの？」と聞かれたらきちんと答えられますか？　これらの違いをネイティブは成長の過程で無意識に習得するため、そこにどのようなシステムがあるかはよく分かっていないことが多いです。

　では、ネイティブは外国語学習の役に立たないのか？　いえ決してそんなことはありません。ネイティブは言語の仕組みについてはよく分かりませんが、それが「セーフかアウトか」ということに関しては動物的なカンを持っています。例えば先ほどの問題、日本語ネイティブなら「先生に会ったらよろしく言っといて」はセーフだけど「先生に会うとよろしく言っといて」はアウトだと直感的に分かりますよね。これがまさにネイティブの能力です。つまり、ネイティブには「何」「どのように」「どうして」のように疑問詞を付けて質問するのではなく、「これって合ってる？」とチェックしてもらうための要員として活躍してもらうのが最も賢いやり方といえます。それでもしアウト判定を受けたとしたら「どうして？」と聞きたくなる気持ちをぐっと抑えて、何が良くなかったのか、どうすればセーフになるのか試行錯誤して、セーフが出るまでネイティブにチェックしてもらいましょう。一見遠回りに思えますが、そのようにして自分で発見した感覚は確実に自分のものになり時間がたっても決して忘れません。

子音

① 子音とは何か？

　母音だけの**아**は息の続く限り5秒でも10秒でも出し続けることができます、でもこれに**ㅂ**という子音が付いた**바**はどうでしょう？　この音を5秒間持続させることができるでしょうか？　はい、無理ですね。確実に**바**と感じられるのはほんの一瞬だけで、あとは母音の**ㅏ**が残っているだけです。

　바を5秒間持続させることは無理なのですが、今度は5秒間かけて**바**という音を発音しようとしてみてください。ゆーっくり、口の動きに気を付けて……はいストップ！　**바**という音を作ろうとした瞬間に口の動きを止めてみると……さあ、口は今どんな感じになってますか？　まるで唇にガムテープが貼られたように息が詰まって苦しいのではないでしょうか。早く息が吐きたくて吐きたくてウズウズしますね。では、今度は同じように**가**をゆっくり発音しようとして……はいストップ！　今度は喉の奥が詰まっているのを感じますか？　実はこれがまさに子音の正体なのです。

　先ほど、母音とは「変えずにずっと出せる音」であり「音のリリース」であると言いました。一方子音はその反対で「音をストップさせる力」と考えてください。

　子音で始まる音を出そうとすると、まず口の中のどこかで閉鎖が起こります。そして、それが母音と共に開放されることで**バ**や**ガ**などの音が出るわけです。ハングルにはこのメカニズムが見事に表されています。ハングルは「子音→母音」という順序で書きますが、これはつまり音が「ストップ→リリース」される過程を描いています。そして、子音のハングルは口の中で音をストップさせる位置を、母音のハングルは音をリリースさせる方法をそれぞれ表しているのです。

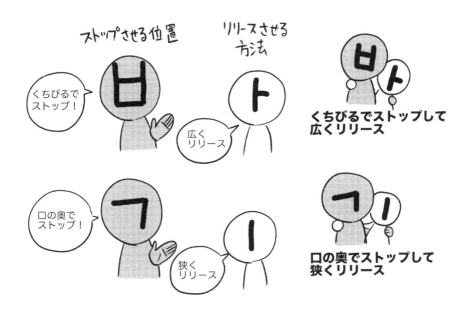

　では韓国語の子音は具体的に□のどこで作られるのでしょうか？　□の中の構造はとても複雑で細かく分け始めたらキリがないのですが、韓国語の発音を理解する時には、次の三つだけを把握していれば大丈夫です。

　それは「くちびる部」「まえ部」「うしろ部」の三つです。聞き慣れない言葉だと思いますが、それもそのはず。日本人韓国語学習者に分かりやすいように私が勝手に名付けたものなので、どんな音声学の専門書や韓国語テキストにもありません。ですので、あくまでもこのテキストの中でのみ便宜的に使われる用語だと思っておいてください。では、その三つの特徴を簡単に書き出してみます。

くちびる部：唇を閉じることによって作り出される子音
まえ部　　：舌の先が□の手前部分、特に歯茎の裏あたりに接近したりくっついたりすることで作り出される子音
うしろ部　：舌の付け根部分が□の奥部分に接近したりくっついたりすることで作り出される子音

　では、実際にそれぞれの子音がどの部に所属しているのかを先ほどの項でも取り上げた**바**、**가**を例にとって判断してみましょう。まず**바**と発音した場合、最初に唇が完全に閉じ、それがリリースされることで発音できます。つまり、ㅂはくちびる部所属ということになります。**가**の場合はどうでしょうか？　最初に□の奥の方で閉鎖が起こり、それがリリースされることで**가**の音が完成します。つまり、ㄱはうしろ部所属ということになります。

考えてみよう1

ㅏの母音と一緒に発音しながら、次の子音が、それぞれ「くちびる部」「まえ部」「うしろ部」のどこに所属しているかをイラストの中に書き込んでみましょう。

ㄱ ㄴ ㄷ ㄹ ㅁ ㅂ ㅅ ㅇ ㅈ

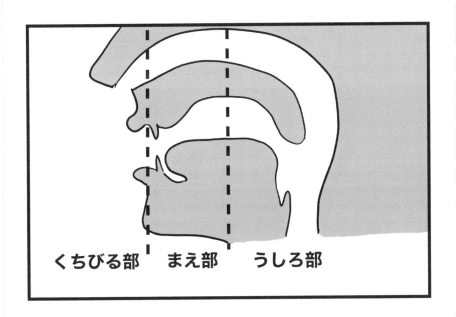

くちびる部　　まえ部　　　うしろ部

では、答え合わせです。

くちびる部：ㅁ、ㅂ
まえ部　　：ㄴ、ㄷ、ㄹ、ㅅ、ㅈ
うしろ部　：ㄱ、ㅇ

合っていましたか？　ㅅやㅇでちょっと迷った方がいるかもしれません。確かに、この二つは他の子音と違って、特定の部分が完全にふさがれてしまうわけではありません。しかし、じっくり観察してみると、ㅅを発音する時は舌の先が歯茎に、ㅇは舌の奥が喉の方に接近するのを感じると思います。

③ 鼻を使うもの使わないもの

　私たちの発音には口だけではなく、その上にくっついている鼻も大きな役割を果たしています。鼻風邪をひくと、普段と比べて話すのが大変になりますよね。それは鼻がふさがれることによってスムーズな発音が阻害されてしまうからです。でも、鼻風邪が全ての発音に影響を与えるわけではありません。

　例えば「ななみ」と「たけし」、「バナナ」と「すいか」のうち、鼻風邪をひいて発音がしにくくなるのはどちらか考えてみてください。「ななみ」「バナナ」はそれぞれ「だだび」「バダダ」のようになってしまうのに対し、「たけし」「すいか」は普段と変わらず発音できるはずです。このような差が出るのは、単語の中に鼻の助けが必要な発音があるかどうかが原因です。このテキストでは、「くちびる部」「まえ部」「うしろ部」の下に、発音するときに鼻の助けが必要なもの（鼻が詰まると発音しづらくなるもの）を「鼻課」、そうでないものを「鼻じゃない課」として設定します。例えばくちびる部所属のㅂは、鼻をつまんでも問題なく**바바바**……と発音できるので、「くちびる部鼻じゃない課」ということになります。

考えてみよう2

鼻をつまんで ㅏ の母音と一緒に発音しながら、次の子音が、それぞれ「くちびる部」「まえ部」「うしろ部」のうち「鼻課」「鼻じゃない課」のどこに所属しているかをイラストの中に書き込んでみましょう。

ㄱ ㄴ ㄷ ㄹ ㅁ ㅂ ㅅ ㅇ ㅈ

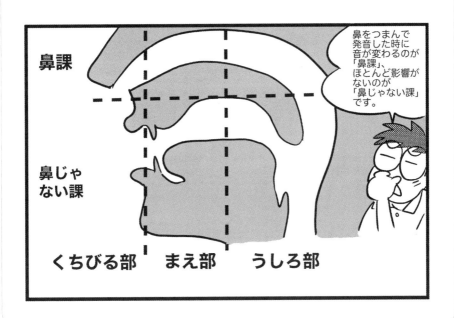

どうでしょうか。では答え合わせです。

くちびる部
鼻課　　　　ㅁ
鼻じゃない課　ㅂ

まえ部
鼻課　　　　　ㄴ
鼻じゃない課　ㄷ、ㄹ、ㅅ、ㅈ

うしろ部
鼻課　　　　　ㅇ
鼻じゃない課　ㄱ

　いかがですか？　普段何気なく発音している子音がどこで作られているかを知ることは、韓国語のみならず語学を勉強する上でとても重要です。この分類は後で発音変化を考える時にとても役に立つのでしっかり頭に入れておいてください。
　鼻が詰まると、鼻課の子音は発音できなくなり、それぞれの部署の鼻じゃない課で代用されます。つまり、ㅁは鼻が詰まるとㅂになります。まえ部には鼻じゃない課の子音がたくさんいますが、ㄴの代わりを務めるのはㄷです。つまり、ㄷはまえ部鼻じゃない課の代表選手であるとも言えます。このことは後ほどパッチムの項でも出てきますので、頭の片隅に置いておいてください。
　では、これからはもう少し詳しく「くちびる部」「まえ部」「うしろ部」所属のそれぞれの子音の発音を練習していきましょう。

（ 4 ）くちびる部

　くちびる部の子音は、両唇を合わせて音をストップさせることで音を作り出します。くちびる部所属の子音にはㅂ、ㅁの二つがあります。このうちㅁは鼻の助けが必要な鼻課の所属です。くちびる部の子音は音声学では「両唇音」と言われ、赤ちゃんが言葉を習得していく段階で一番最初にマ

スターする音とされています（「パパ」「ママ」「**아빠**」「**엄마**」など）。

　くちびる部の子音の発音そのものは日本語ネイティブにとってあまり難しくありません。一つ気を付けることがあるとすれば、ㅂを語頭で発音する時、「ぱ行」になっている人がいるのですが、人によっては激音のㅍとして聞こえることがあるので、普段の「ぱ行」より力を抜いて、ほとんど「ば行」に近づけるぐらいの気持ちを心掛けるといいでしょう。

発音してみよう 11　TR14

次のハングルを発音してみましょう。

① **마 마 마 마 마**

② **바 바 바 바 바**

③ **마 미 무 므 메 모 머**

④ **바 비 부 브 베 보 버**

⑤ **모 머 모 머 모 머**

⑥ **보 버 보 버 보 버**

⑦ **무 므 무 므 무 므**

⑧ **부 브 부 브 부 브**

⑨ **모 버 보 머 무 브 부 므**

⑩ **마비　부모　메모　밤에**

〈日本語訳〉⑩麻痺、父母、メモ、夜に

⑤ まえ部

　まえ部の子音は舌の先を歯茎の裏側にくっつけて音をストップさせたり、舌を歯茎の裏スレスレの所まで接近させてその間から息を通すことで音を作り出します。まえ部所属の子音にはㄴ、ㄷ、ㄹ、ㅅ、ㅈの五つがあります。このうちㄴは鼻の助けが必要な鼻課の所属です。まえ部所属の子音は音声学では「歯茎音」と呼ばれます。

　まえ部所属の子音は他の部署に比べて数が多いので、少しずつ分けて見ていくことにしましょう。

通行止めのㄴとㄷ

　ㄴとㄷは、いずれも舌の先を歯茎の裏の歯の生え際辺りにくっつけることで音をストップさせます。これを口の中にある4車線道路に例えると、下のイラストのように4車線全てが舌によって通行止めになっているような感じだと思ってください。

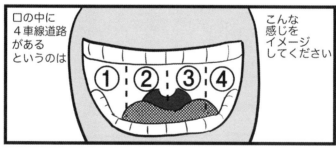

　また、くちびる部のㅂ同様、ㄷを語頭で発音する時に「た行」になっている人がいるのですが、人によっては激音のㅌとして聞こえることがあるので、普段の「た行」より力を抜いて、ほとんど「だ行」に近づけるぐらいの気持ちを心掛けるといいでしょう。

　韓国語ネイティブが話すのを見ていると、この時舌の先が歯の下にチラッと見えていることがあります。これは視覚的にまえ部であることをアピールすることのできるテクニックですので、ネイティブっぽい話し方に近づくためには練習してみるのもいいでしょう。

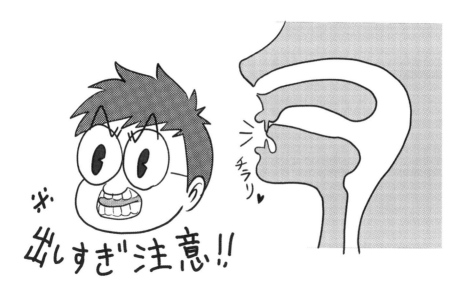

チラリ♥

出しすぎ注意!!

発音してみよう12　[TR15]

次のハングルを発音してみましょう。

①나 나 나 나 나
②다 다 다 다 다

③ 나 니 누 느 네 노 너
④ 다 디 두 드 데 도 더
⑤ 노 너 노 너 노 너
⑥ 도 더 도 더 도 더
⑦ 누 느 누 느 누 느
⑧ 두 드 두 드 두 드
⑨ 노 더 도 너 누 드 두 느
⑩ 누드　너도　나다　두뇌

〈日本語訳〉⑩ヌード、君も、私だ、頭脳

摩擦を伴うㅈ

　ㅈも舌の先を歯茎の裏の歯の生え際辺りにくっつけて音をストップさせるという点ではㄷと同様なのですが、母音が来て音をリリースする際に蜂の羽音のような摩擦を伴うのが特徴です。

　韓国人が日本語を話す時、「ありがとうごじゃいます」「とうじょ（どうぞ）」「きんじゃ（銀座）」のように、「ざ行」が「じゃ行」になってしまうことは有名ですが、これは彼らが「ざ行」をㅈの要領で発音するために起こる現象です。先述したとおりㅈは歯茎の裏に舌先が付くのに対し、日本語の「ざ行」は舌の位置がもっと前になり、舌先が歯に触れます。これが韓国語ネイティブにとってはなかなか難しいらしいのです。ただし、「ざ行」の中でも「じ」だけは舌の位置が後ろにずれて、舌先が歯に触れないので、韓国語のㅈとほぼ同じような音が出ます。

　ㅈもやはり語頭で発音する時、「ちゃ行」になっている人がいるのですが、人によっては激音のㅊとして聞こえることがあるので、普段の「ちゃ

行」より力を抜いて、ほとんど「じゃ行」に近づけるぐらいの気持ちを心掛けるといいでしょう。

発音してみよう13　TR16

次のハングルを発音してみましょう。

① 자 자 자 자 자
② 지 지 지 지 지
③ 주 주 주 주 주
④ 즈 즈 즈 즈 즈
⑤ 제 제 제 제 제
⑥ 조 조 조 조 조
⑦ 저 저 저 저 저
⑧ 조 저 조 저 조
⑨ 주 즈 주 즈 주
⑩ 제자　자주　제조　조조　저주

〈日本語訳〉⑩弟子、頻繁に、製造、早朝、呪い

　なお、자：쟈、주：쥬、제：졔（재：쟤も）、조：죠、저：져は、表記こそ違うものの発音上は区別されません。

本来、これらは
「外来語表記法」によると
「주스」「초코」
と表記すべきとされてますが、
実際は外来語っぽさを演出する
ためにこんなふうに書かれてい
ることが多いです。

日本語の感覚で問題ないㅅとㄹ

　ㅅは、日本語ネイティブにとっては難易度の低い子音。ほとんど「さ行」と同じ発音で問題なく通じます。ㄹも日本語の「ら行」とほぼ同じです。ただ、ㄹはパッチムになった時に突然難易度が上がりますので注意です (P.061)。

⑥ うしろ部

　　うしろ部の子音は、舌の付け根辺りが盛り上がって口の奥（いわゆる「喉ちんこ」の辺り）をふさいで音をストップさせることで出る音です。うしろ部所属の子音にはㄱ、ㅇの二つがありますが、このうちㅇは母音だけの音です。ただ、**아**を発音する時に、喉の奥の動きをちょっと意識してみると、後々**강**や**홍**などㅇパッチムの感覚をつかむのに助けになると思います。うしろ部の子音は音声学では「軟口蓋音」と言われます。

　　うしろ部の子音の発音そのものは日本語ネイティブにとってあまり難しくありません。ただ、ここでもくちびる部やまえ部同様に、ㄱを語頭で発音する時、「か行」で発音してしまうと、人によっては激音のㅋとして聞こえることがあるので、普段の「か行」より力を抜いて、ほとんど「が行」に近づけるぐらいの気持ちを心掛けるといいでしょう。

次のハングルを発音してみましょう。

① 가 가 가 가 가

② 기 기 기 기 기

③ 구 구 구 구 구

④ 그 그 그 그 그

⑤ 게 게 게 게 게

⑥ 고 고 고 고 고

⑦ 거 거 거 거 거

⑧ 고 거 고 거 고

⑨ 구 그 구 그 구

⑩ 가구　그게　가게　고가　거기

〈日本語訳〉⑩家具、それが、店、高架、そこ

　関西に「関西学院大学」という大学があります。読み方は「かんせいがくいんだいがく」（「かんさい」ではない！）ですが、英語表記は「Kwansei Gakuin University」となっています。これは旧仮名遣いが「くわんせい」であったことに由来しているのですが……勘のいい方ならすでに気付いたのではないでしょうか？　韓国語では「関」は관。そう、二重母音を持つ漢字です。このように ㅘ を持つ漢字は、日本でも昔は二重母音風の表記をしていたものが極めて多いのです。下にその一例を示します。

　　火（**화**）　→　くわ
　　館（**관**）　→　くわん
　　活（**활**）　→　くわつ

　読み方はそれぞれ「か」「かん」「かつ」ですが、書くときにはこのように書いていたのです。韓国語を知っていると、思わぬところで役に立つという話でした。

パッチム

1 パッチムの仕組み

　日本人韓国語学習者に「韓国語の発音の中で何が難しいですか?」と質問すると、「パッチムが難しい!」という声が非常に多く上がります。この理由は日本語の音声的特徴にあります。母音を中心とした音の固まりのことを音節と言いますが、音節には次の4種類があります。

(1)母音
(2)母音＋子音
(3)子音＋母音
(4)子音＋母音＋子音

　このうち日本語で使われている音節は基本的に①と③、つまり母音で終わるものだけです(「ん」と「っ」は例外)。しかし、韓国語はこの4種類全てが使われており、②や④は日本語で普段使われることのない種類の音であるため、日本人にとっては「慣れない発音」と言えます。そして、この②や④がまさにパッチムのある発音ということになります。

　先ほど子音は「音のストップ」(P.037)、母音は「音のリリース」(P.014)であると述べました。これを基にパッチムを考えるとどうなるでしょうか。例えば**각**という音節は、子音ㄱ→母音ㅏ→子音ㄱという順番になっています。ㄱを「口の奥でストップ」、ㅏを「広くリリース」だとした場合、**각**は「口の奥でストップして、広くリリースして、また口の奥でストップ」した音だということになります。同様に**빕**の場合は、ㅂを「唇でストップ」、ㅣを「狭くリリース」とした場合、「唇でストップして、狭くリリースして、また唇でストップ」というわけです。

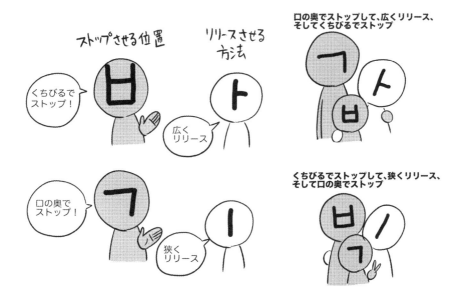

　つまりパッチムをうまく発音するポイントは「その音節を発音し終わった時にストップの状態で停止すること」「ストップする位置をきちんと把握していること」にあると言えます。では、音をどこでストップさせれば良いのか、パッチムごとに詳しく見ていきましょう。

② パッチムを作る場所

　パッチムも子音の一種ですから、パッチムを作る場所も子音と同様「くちびる部」「まえ部」「うしろ部」の三つに分けて考えます。では、ここでもう一度それぞれの子音がどこに分類されるのかを復習しましょう。

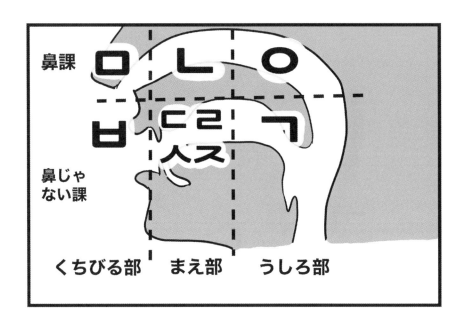

ところが、これらの子音がパッチムになると、ちょっとした変化が起こります。例えば곳（場所）と곧（もうすぐ）という二つの単語の発音を聴いてみてください。

 聴いてみよう4　[TR18]

次の単語の発音を聴いてみましょう。

① 곳 곳 곳 곳
② 곧 곧 곧 곧
③ 곳 곧 곳 곧
④ 곧 곳 곧 곳

　どうですか？　何か違いを感じ取れたでしょうか？　これ、実は全て同じ音として発音されているのです。日本語ネイティブが「音の線引き」を感じ取れないというレベルではなく、韓国語ネイティブにとってもこれらの違いを聴き分けることは不可能です。子音ㅅは本来、歯の辺りで息を摩擦させて作る音で、舌を歯や歯茎にくっつけることはないのですが、パッチムになるとㄷと同様、歯茎の裏で音を完全にストップさせてしまいます。下の図はそれぞれの子音がパッチムとして現れる時に、どのような音になるかを表したものです。

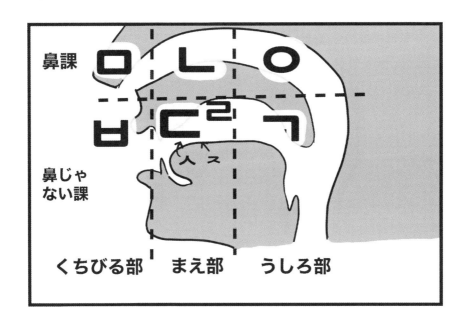

　これを見ると、「まえ部鼻じゃない課」のㅅとㅈが、ㄷに統合されてしまうことが分かります。つまり、韓国語でパッチムとして現れる子音はくちびる部ではㅁとㅂ、まえ部ではㄴ、ㄷ、ㄹ、うしろ部ではㅇ、ㄱの、計7種類しかないということになります。

　では、次に韓国語ネイティブに**암**と**압**を「長く発音してください」とお願いした音声を聴いてください。どのような違いがあるでしょうか？

 聴いてみよう 5 　TR19

次のハングルを発音してみましょう。

①암~　암~　암~
②압~　압~　압~

　암は息の続く限り発音できますが、**압**は音が完全に止まってしまいます。パッチムは子音の一種であり、子音の性質は「音をストップさせる力」ですから、パッチム付きの音は「それぞれの担当部署でストップさせた状態で音を完結させる」というのが基本となりますが、「鼻課」所属のパッチムたち口、ㄴ、○は音を持続させることが可能です。それは、唇や舌によって口内のどこかが通行止めになっても、鼻が開放されているためにそこから息が通ることができるからです。逆に言うと鼻が詰まった状態では**암**、**안**、**앙**などは発音できなくなるか、音が著しく変化してしまいます。

　では、パッチムを作る場所を把握したところで、ここからはそれぞれの部ごとに発音のポイントを押さえていきましょう。

③　くちびる部

　くちびる部のパッチムには口とㅂの二つがあります。音を出し終わった時にしっかり唇が閉じた状態になっていることを意識して練習しましょう。

　고맙다（ありがたい）や**맵다**（辛い）など語幹の最後にㅂパッチムが付く形容詞や動詞がたくさんあるため、-**ㅂ습니다**の形でよく登場します。その際に**고맛습니다**、**맷습니다**のように発音する日本語ネイティブがとても多いのですが、唇で音をストップさせることを意識して発音する習慣をつければ、ずっ

とネイティブっぽくなりますよ。

 発音してみよう15　TR20

① 암 암 암 암 암~
② 압 압 압 압 압~
③ 감 남 담 람 맘 밤 삼 잠
④ 갑 납 답 랍 맙 밥 삽 잡
⑤ 김 님 딤 림 밈 빔 심 짐
⑥ 깁 닙 딥 립 밉 빕 십 집
⑦ 곰 놈 돔 롬 몸 봄 솜 좀
⑧ 곱 놉 돕 롭 몹 봅 솝 좁
⑨ 마음　서점　바람　괴담　미남
⑩ 수업　지갑　새집　대답　유럽
⑪ 고맙습니다　반갑습니다　맵고　춥고　덥고

〈日本語訳〉⑨心、書店、風、怪談、美男　⑩授業、財布、新居、答え、ヨーロッパ
⑪ありがとうございます、会えてうれしいです、辛くて、寒くて、暑くて

　まえ部のパッチムには∟と⊏と2の三つがあるのですが、このうち2パッチムはちょっと分けて考えた方が理解しやすいので、後ほど別途説明するとして、申し訳ないのですがしばらくの間席を外してもらいましょう。

　音を出し終わった時に舌の先が歯茎の裏の歯の生え際辺りにしっかりくっついた状態になっていることを意識して練習しましょう。子音としてのまえ部の説明のところでも出てきた「チラ見せ戦法」がここでも使えます（P.045）。
　また先述した通り、音としての⊏パッチムには人と⊼の二つのパッチムも含まれています。

発音してみよう16 TR21

①안 안 안 안 안~
②앝 앝 앝 앝 앝~
③간 난 단 란 만 반 산 잔

④갇 낟 닫 랃 맏 받 삳 잗
⑤긴 닌 딘 린 민 빈 신 진
⑥긷 닏 딛 릳 믿 빋 싣 짇
⑦곤 논 돈 론 몬 본 손 존
⑧곧 녿 돋 롣 몯 볻 솓 졷
⑨기간　시민　이론　부분　이번
⑩새옷　멋　　듣고　믿다　호미곶

〈日本語訳〉⑨期間、市民、理論、部分、今回　⑩新しい服、かっこよさ、聞いて、信じる、ホミゴッ (韓国南部の浦項地方の景勝地)

⑤ うしろ部

　うしろ部のパッチムには ㄱ と ㅇ の二つがあります。

　まず ㄱ の場合は、音を出し終わった時に舌の奥の方がいわゆる「喉ちんこ」辺りをしっかりふさいでいる状態をキープできるようにしましょう。

発音してみよう17　TR22

①악 악 악 악 악~
②각 낙 닥 락 막 박 삭 작
③긱 닉 딕 릭 믹 빅 식 직

④곡 녹 독 록 목 복 속 족
⑤시작　계속　미국　가족　의식

〈日本語訳〉⑤始め、継続、アメリカ、家族、意識

　　　ㅇパッチムはㄱパッチムの状態から鼻を開放したときに出る音なのですが、ちょっとコツが要ります。まず악を発音し、その後「ん～」と言ってみてください。「악ん～」という音が口の奥の方で作り出されるのが分かるでしょうか？　何度も繰り返して感覚がつかめてきたら、악から「ん～」に移るスピードをだんだん早くしてみてください。そのうち앙を単発で出せるようになるはずです。

발음してみよう18　TR23

①악ん～ 악ん～ 악ん～ 악ん～ 악ん～
②앙 앙 앙 앙 앙
③강 낭 당 랑 망 방 상 장
④깅 닝 딩 링 밍 빙 싱 징
⑤공 농 동 롱 몽 봉 송 종
⑥가방　고궁　노동　시장　배송

〈日本語訳〉⑥かばん、古宮、労働、市場、配送

　　　日本人にとって、いずれも「ん」に聞こえてしまうㄴパッチム、ㅇパッチムは、

パッチム発音上最大の壁と言っても過言でないほど難しいのですが、この問題に関しては後ほど別途コーナーを設けて特訓しますので覚悟……もとい、お楽しみに！

⑥ ㄹパッチム

　さて、お待たせしました。「まえ部」の項ではちょっと席を外してもらっていたㄹパッチムです。なぜㄹパッチムだけ特別扱いをするのかというと、まずは日本語ネイティブの中でこのパッチムに対し苦手意識を持つ人がとても多いこと、そしてさまざまな発音変化を起こす引き金となる性質を持っているちょっとやっかいなパッチムだからというのがその理由です。

　ㄹパッチム絡みで日本語ネイティブがまず引っ掛かるのが、〜을/를の発音ではないでしょうか？　日本語の「〜を」に当たる助詞であるだけにㄹパッチムを含む言葉の中でも使用頻度が飛び抜けて高い〜을/를がうまく発音できずに悩んでいる人は非常に多いようです。特に〜를が何度練習しても「ルル」となってしまう人、いませんか？　何度も何度もネイティブの先生に指摘されてすっかり苦手意識を持ってしまっているあなた！　実はㄹは決して難しいパッチムではないのです。

　まず、ㄹパッチムがどのように成り立っているのか、その仕組みから見ていきましょう。先ほどまえ部のㄷパッチム、ㄴパッチムを説明した時に出てきた4車線道路を覚えていますか？　それを利用してㄹパッチムを説明するとこんな感じになります。

　ㄷパッチム、ㄴパッチムが舌で4車線を完全に封鎖してしまうのに対し、ㄹパッチムの場合は中央の2車線だけが通行止め。つまり両側の1車線ずつは開放されているため、そこから車（空気）が通行できています。これは、舌の先を前歯の裏辺りに「軽く添える」だけでいいということを意味します。

　またㄹパッチムの場合、抜け道（鼻）が開放されているかどうかは交通の流れにはなんの影響も与えません。鼻が詰まっても発音に影響を与えることはないということです。

　ㄹパッチムを発音するときのポイントは、舌の先を前歯の歯茎の裏に添え

た状態をキープすることです。舌を離してしまうと音のリリースとともに母音が追加され、ㄹになってしまいます。

発音してみよう19 〔TR24〕

① 알 알 알 알 알～
② 갈 날 달 랄 말 발 살 잘
③ 길 닐 딜 릴 밀 빌 실 질
④ 골 놀 돌 롤 몰 볼 솔 졸
⑤ 거실　그 날　나흘　사물　소설

〈日本語訳〉⑤居間、その日、四日、事物、小説

　助詞の～을/를の発音ポイントも整理してみましょう。まず～을に関しては［発音してみよう19］で練習した通り、舌先をキープすることが大事です。では、特に苦手な人が多い～를はどうするか？　これが意外なほど簡単です。舌先を前歯の歯茎の裏に添えた状態のまま「으～」と言えばいいだけです。極端な話、～를の発音というのはただの長い「르～」のようなものだと思ってください。～를というパッチムの形に惑わされて、「ㄹを2度発音しなきゃ！　ルル！」と言ってしまっている人が多いのですが、大事なことなのでもう一度言います。ただの長い「르～」で十分です。

　外国語として韓国語を勉強すると、どうしてもハングルの形を最初に見てしまうので、それに沿った発音をしようとしてしまうのですが、韓国語という言語の歴史を考えてみると、そもそも最初に「르～」のような発音が存在し、ハングルが発明されてからそこにどんなつづりを当てようかと思案した

結果、를に落ち着いたということにすぎないのです。ハングルの形に惑わされないようにしてください。これはとても簡単な発音です。大事なことなので3度言いますが、ただの長い「르〜」で十分です！

発音してみよう20 [TR25]

①을 을 을 을 을
②일본을　한국을　사람을　밥을　물을
③를 를 를 를 를
④나를　여자를　김치를　새를　한국어를

〈日本語訳〉②日本を、韓国を、人を、ご飯を、水を　④私を、女性を、キムチを、鳥を、韓国語を

⑦　1軍パッチムと2軍パッチム

　韓国語のパッチムの音として存在するのは、くちびる部ㅁとㅂ、まえ部ㄴ、ㄷ、ㄹの三つ、うしろ部ㅇとㄱの合計7種類しかないというのはすでに申し上げた通りです。でも韓国語の単語を見てみると、**옷**(服)、**젖**(乳)などのようにそれ以外のハングルが使われるパッチムもありますし、**꽃**(花)、**부엌**(台所)、**섞다**(混ぜる)などのように激音や濃音で表記されるパッチムも少なくありません。このようなパッチムに遭遇すると発音する前に思わず身構えてしまいますが、何も怖がることはありません。これらは「2軍パッチム」です。

　「パッチムにも1軍2軍があるのか」と思われたかもしれませんが、ここで言う1軍と2軍の違いは「独自の音を持っているかどうか」です。つまり、2軍パッチムはパッチムとしての独自の音を持っておらず、1軍の配下にあって、ボスである1軍と同じ発音をするパッチムということになります。

　まず1軍パッチムとしては先述したㅁ、ㅂ、ㄴ、ㄷ、ㄹ、ㅇ、ㄱの7種類があります。このうち自分と同じ音を持つ2軍パッチムを持っているのは「鼻じゃない課」所属のㅂ、ㄷ、ㄱの3種類です。1軍の「鼻じゃない課」の中でもㄹだけは2軍がいません。

　2軍パッチムには、平音としてはまえ部所属のㅅとㅈがあり、1軍パッチムから派生する激音や濃音のパッチムがあります。このうちㅎはもともとㅇの激音なので、うしろ部所属となりそうなものですが、例外的にまえ部所属となります。

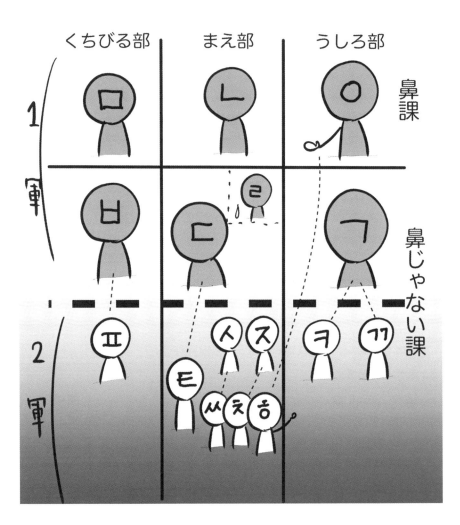

発音してみよう 21 [TR26]

全て同じ音であることを確かめながら発音してみましょう。

①**압 앞 압 앞**
②**앋 앝 앗 았 앚 앛 앟**
③**악 앆 앜**

　ここまで来て、ふと「**옷**も**옻**もどっちみち『**옫**』と発音するなら、どうして最初から『**옫**』と書いてくれないんだ？」と思った方がいるかもしれません。確かにその方が学習者の立場からは一見親切に思えます。しかし、2軍パッチムが独自の音を持たず1軍パッチムの音に集約されるというのは、あくまでもパッチム付きの音が単独で存在している場合の話であって、後続の音によって前の音の発音も変化する韓国語の特徴を考えると、決して効率的とは言えません。もしそんな表記をすれば、「服が」「服を」のように後ろに助詞などが付いた時に [**오시**]、[**오슬**] と発音することの説明がつかなくなってしまいます。

　われわれは単語を覚える時にどうしてもハングルから入るので、まるで**옷**に〜**이**を付けるから [**오시**] と読むのだと思ってしまいがちですが、実際の順序は正反対です。つまり、もともと [**옫**]、[**오시**]、[**오슬**] と発音していたものを、ハングルというシステムの中でつじつまを合わせるために試行錯誤した結果、**옷**という表記に落ち着いたということです。これは学習者を悩ませる二重パッチムなどの場合も同じことで、例えば**없다**の**없**は、[**업꼬**]（**없고**）、[**업써**]（**없어**）、[**업쓸**]（**없을**）など発音がさまざまに変化する現象を効率的に説明するために「**없**」というつづりが最適であるため、このようになっているのです。

8 日本人が苦手なㅇとㄹ

　さまざまなパッチムの特徴について見てきましたが、ここでいよいよ日本語ネイティブが最も苦手とするパッチムの発音にメスを入れようと思います。それはズバリㅇパッチムとㄹパッチムです。

　韓国に**전주**（全州）と**청주**（清州）という地名があります。それぞれ全羅北道と忠清北道の道庁所在地に指定されるほど主要な都市なのですが、どちらもカタカナで表記すると「チョンジュ」になってしまいます。ソウルのバスターミナルで「清州」行きのチケットを買おうとした日本人が間違って「全州」に着いてしまったという笑えないエピソードもあります。二つの都市の間は100㎞以上離れているため、「新村・新川問題」どころの話ではありません。

　このようなことが起きてしまう原因としては、一つには平音・激音の対立もありますが、何と言っても○パッチムとㄴパッチムの区別がうまく出来ていないということが大きいです。

　この二つのパッチムはいずれも日本語ネイティブの耳には「ん」に聞こえます。そのため心のどこかで「どうせ『ん』だろ」という気持ちが湧き起こるのですが、そう思っている限り区別できるようにはなりません。母音のㅗとㅓを練習した時と同様、自分なりの基準で○パッチムとㄴパッチムの間に新たな「音の線引き」を発見する必要があるのです。そのためにはまず、自分が普段何気なく「ん」として発音しているものが、韓国語ネイティブの耳にどのように聞こえるのか知る必要があります。

発音してみよう22 [TR27]

次の日本語の「ん」が、「くちびる部」「まえ部」「うしろ部」のどこで作られているか、観察しながら発音してみましょう。

① **かんぶん** （漢文）

② **かんどう** （感動）

③ **かんこう** （観光）

④ **しんおおくぼ** （新大久保）

⑤ **しんとす** （新鳥栖）

⑥ **しんかんせんに** （新幹線に）

⑦ **しんかんせんを** （新幹線を）

いかがですか？　われわれが普段何気なく同じように発音しているつもりの「ん」が、実はいろいろな場所で作られていたなんて、ちょっと驚いたのではないでしょうか。よく「日本人はㅇの発音が苦手だ」「いやㄴの方が苦手だ」と言う人がいますが、実は日本語ネイティブは普段の生活の中でㅁパッチムもㄴパッチムもどちらも使っているのです。ただ、韓国語ネイティブと違うのは「いつ自分がどちらを使ったのかという自覚がない」ということだけです。

　日本語ネイティブはどのように「ん」の音を選択しているのでしょうか。下の絵を見てください。

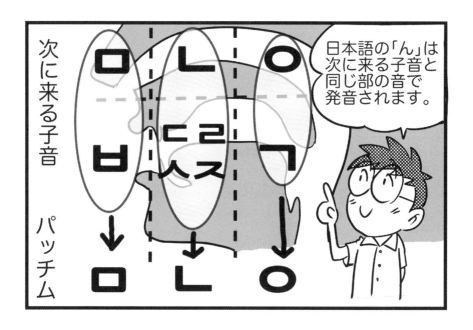

　日本人が「ん」として発音するものにはㅁパッチム、ㄴパッチム、ㅇパッチムの三つがあるのですが、その選択方法は非常にシンプル。次に来る子音を一番発音しやすいところで発音するのです。

　つまり「かんぶん」の場合は、次に来るのが「ぶ」、つまり「くちびる部」

の子音なのでㅁパッチム、そして「かんどう」の場合は、次に来るのが「まえ部」の「ど」なのでㄴパッチム、さらに「かんこう」の場合は「うしろ部」の「こ」が控えているのでㅇパッチムで発音するというわけです。日本語ネイティブの耳に「ん」として認識される音の範囲がとても広いので、舌の移動が最も少なくて済む音をチョイスしているということです。

　このように、日本語の「ん」は周りの環境を忖度して臨機応変に発音されています。このうち「くちびる部」の「ん」、つまりㅁパッチムに関しては、その動きが外からも明らかに分かるので、気を付けて矯正することが比較的簡単です。しかし、残るㅇパッチムとㄴパッチムの区別は日本語ネイティブにとってはかなり至難の業。自分がいつどっちで発音したかなど、普段日本語を話している時にはどうでもいいことだからです。一方、韓国語ネイティブはㅇパッチムとㄴパッチムは明らかに違うものだという認識を持っています。これはちょうど日本語ネイティブにとっては「炭酸水」という認識しかないものを「コーラ」と「サイダー」に分けて考えているようなものです。そのためコーラが欲しい時にサイダーを出されたり、その逆にサイダーが欲しい時にコーラを出されると「えっ?」と思ってしまうのです。

　では、次の単語のうち日本語ネイティブがㅇパッチムとㄴパッチムを間違って発音してしまいがちなのはどれでしょうか?

　①**중국** (中国)
　②**명동** (明洞)
　③**한강** (漢江)
　④**전주** (全州)

　正解は、②と③です。①と④は母音に気を付けていれば比較的きちんと聞き取ってもらえます。では、その理由を先ほど学んだことを踏まえながら考えていきましょう。

　まず②の**명동**をカタカナ風に「ミョンドン」と発音した場合、後ろに控

えている⊏（まえ部）の影響を受けて、「ミョン」が**면**として発音されてしまう現象が起きます。③の場合カタカナ風に「ハンガン」と発音すると、**강**（うしろ部）の影響で「ハン」が**항**と発音されてしまいます。そのため韓国語ネイティブの耳には**면동**、**항강**と聞こえることとなります。「それぐらい大した違いはないじゃないか」と思うかもしれませんが、韓国語ネイティブにとっては大違い。「ひつまぶし」と「ひまつぶし」に匹敵するほどの違いがあるのです。

　では、⊥パッチムと○パッチムを確実に聞き取ってもらうためにはどうすればいいのでしょうか？

　まず、⊥パッチムの場合は第3課の「まえ部」で紹介した「舌先チラ見せ戦法」がかなり有効です。舌先を歯と歯の間から少し見せた状態で発音するように意識すれば、⊥パッチムにしか聞こえなくなります。

言い終わったときに、
舌がチラッと見えてる
状態をキープすること！！

舌先の位置に気を付けて発音してみましょう。特に④は o パッチムになってしまいがちなので注意してください。

① **안 안 안 안 안**
② **반　　문　　손　　신　　건**
③ **온도　진짜　언니　한달　손짓**
④ **한강　선거　친구　관광　문고**

〈日本語訳〉②クラス、ドア、手、神、件　③温度、本当、姉、ひと月、手ぶり　④漢江、選挙、友達、観光、文庫

　では、いよいよ苦手な人が多い o パッチムを確実に出す方法です。先ほど日本語ネイティブは**명동**を知らず知らずのうちに**면동**と発音してしまいがちだと言いました。これは、後ろに控えている**동**の ㄷ が「まえ部」であるために、同じ「まえ部」の ㄴ パッチムをチョイスしてしまうからであることもすでに述べた通りです。ところで、ㄴ パッチムは鼻が詰まると発音できなくなるという性質を持っています。試しに鼻をつまんで「けんどう」と発音してみてください。鼻に空気が抜けないので「けっどう」のような詰まった音になってしまいますよね。しかし、「けんか」の場合は鼻が詰まってもなんとか発音できるのではないでしょうか。「けんか」の「ん」は o パッチムと同じ音なのですが、o パッチムの場合、口の奥を使うために鼻が詰まっても（音は多少変化しますが）発音することができるのです。この原理を利用したのが「鼻つまみ練習法」です。

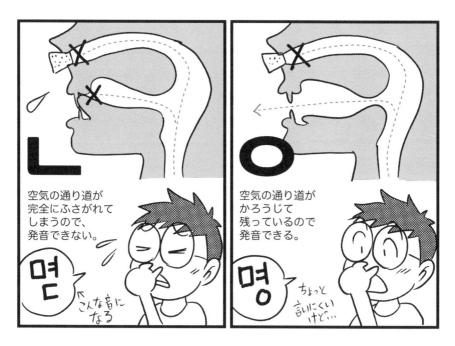

　まず鼻をしっかりつまんで空気の流れを止めた状態で「ミョン」と言ってみてください。「ミョッ」のように音が詰まったら、それはㄴパッチムの**면**を発声していた証拠。いろいろやってみるうちに鼻をつまんだままでも「ミョン」と言える場所が見つかると思います。そこがまさにㅇパッチムの**명**なのです。

　慣れてきたら今度は鼻をつまんだまま**명동**と言えるように練習してみましょう。日本語の「ん」の意識が残っていると、どうしても**면동**のようになって発音しづらいのですが、だんだん詰まらずに**명동**と言える場所が分かってくるのではないでしょうか。これはちょうどギターのコードを押さえるようなもので、理屈は分かってもなかなか最初からきれいな音が出るというわけではありません。でも、何度も何度も練習しているうちに、自分なりの要領がつかめてくるはずです。鼻をつまんだままでも**명동**と言えるようになったら、指を離してみてください。これで韓国語ネイティブにも完璧に通じる**명동**になっているはず!?

発音してみよう24　TR29

鼻をつまんで練習してみましょう。

① 앙 앙 앙 앙 앙

② 동　　상　　공　　항　　형

③ 항공　몽골　성공　홍콩　궁금

④ 동사　명사　상식　홍대　종로

〈日本語訳〉②洞、賞、ボール、港、兄　③航空、モンゴル、成功、香港、気になる
④動詞、名詞、常識、弘大、鍾路

○パッチムの発音でもう一つ気を付けたいのは**강아지、고양이**など、ダブル○の場合。日本語の「鼻濁音」という音に近い音が出るのですが、現在は日本語ネイティブの間でも鼻濁音を発音できる人が少なくなっているそうです。鼻濁音は「がぎぐげご」の前に「ん」を付けてできるだけ間抜けな感じで「んが、んぎ、んぐ、んげ、んご」と発音することで練習することができます。

発音してみよう25　TR30

できるだけ間抜けな感じで発音しましょう。

① 강아지　고양이　오징어　잉어　붕어

② 공항　　공학

〈日本語訳〉①子犬、猫、イカ、鯉、フナ　②空港、工学

⑨ 二重パッチム

　二重パッチムに苦手意識、持ってませんか？　**넓다**とか**기슭**とか見るたびに「うわあああ」と悲鳴を上げたくなってませんか？　私もハングルを覚えたての頃、耳でなんとなく聞き覚えていた**괜찮아요**や**없어요**などのつづりを見て「何でわざわざこんなややこしい書き方をするんだ!?」と戦慄したことがあります。特に発音するとなると、どっちをどう読んでいいものか口がすくんでしまうという学習者も少なくないようです。でも、みんなから敬遠されがちな二重パッチムも、きちんと知れば決して怖くないのです。

　まず、世の中にはどれだけの二重パッチムがあるのかを確かめましょう。二重パッチムとして存在するのは「ㄱㅅ」「ㄴㅈ」「ㄴㅎ」「ㄹㄱ」「ㄹㅁ」「ㄹㅂ」「ㄹㅅ」「ㄹㅌ」「ㄹㅍ」「ㄹㅎ」「ㅂㅅ」の11種です。うわあ大変だと思うかもしれませんが、まず二重パッチムを構成している二つの子音のうち、「カナダラ順」で考えたときに先に来る方はどちらかチェックしてみましょう。「カナダラ順」というのは、「いろは」のようにハングルの子音を並べる時の順番です。韓国語を学習する際には必ず必要な知識なので、知らなかった人はついでに覚えてください。ㄱ、ㄴ、ㄷ、ㄹ、ㅁ、ㅂ、ㅅ、ㅇ、ㅈ、ㅊ、ㅋ、ㅌ、ㅍ、ㅎ がその並び順です。

　さて、そうしてみると「ㄱㅅ」「ㄴㅈ」「ㄴㅎ」「ㄹㄱ」「ㄹㅁ」「ㄹㅂ」「ㄹㅅ」「ㄹㅌ」「ㄹㅍ」「ㄹㅎ」「ㅂㅅ」という結果になります。基本的に、下線が引いてある子音、つまり「カナダラ順で先に来る方」を読むというのが第一原則となります。

　しかし、この中で例外が二つだけあります。それは「ㄹㅁ」「ㄹㅍ」の二つ。これらは上で下線を引いたㄹではなく、「ㄹㅁ」「ㄹㅍ」の方を読めます。しかし「ㄹㅍ」パッチムを使うのは**읊다**（吟じる）という超超超レア動詞だけなのであまり気にしなくてもいいでしょう。つまり、例外として気を付けるべきなのは「ㄹㅁ」だけということになります。では、それぞれのパッチムを持つ単語が実際どのように発音されるのか、次の表を見ながら発音してみましょう。

		例	-다	~이、-이	~을、-을	-는
ㄱㅅ	名詞	몫 (役目)		몫이 [목씨]	몫을 [목쓸]	
ㄴㅈ	用言	앉다 (座る)	앉다 [안따]		앉을 [안즐]	앉는 [안는]
ㄴㅎ	用言	않다 (~ない)	않다 [안타]		않을 [아늘]	않는 [안는]
ㄹㄱ	名詞	닭 (鶏)		닭이 [다기]	닭을 [다글]	
	用言	읽다 (読む)	읽다 [익따]		읽을 [일글]	읽는 [잉는]
ㄹㅁ	名詞	삶 (人生)		삶이 [살미]	삶을 [살믈]	
	用言	닮다 (似る)	닮다 [담따]		닮을 [달믈]	닮는 [담는]
ㄹㅂ	名詞	여덟 (8)		여덟이 [여더리]	여덟을 [여더를]	
	用言	넓다 (広い)	넓다 [널따]	넓이 [널비]	넓을 [널블]	
ㄹㅅ	名詞	외곬 (一筋の道)		외곬이 [외골씨]	외곬을 [외골쓸]	
ㄹㅌ	用言	핥다 (なめる)	핥다 [할따]		핥을 [할틀]	핥는 [할른]
ㄹㅍ	用言	읊다 (吟ずる)	읊다 [읍따]		읊을 [을플]	읊는 [음는]
ㄹㅎ	用言	잃다 (失う)	잃다 [일타]		잃을 [이를]	잃는 [일른]
ㅂㅅ	名詞	값 (価値)		값이 [갑씨]	값을 [갑쓸]	
	用言	없다 (ない)	없다 [업따]	없이 [업씨]	없을 [업쓸]	없는 [엄는]

名詞に使われる
ㄹㄱ、ㄹㅂパッチム、
正式には
닭이[달기]　여덟이[여덜비]
のように
どちらも発音するのが
正しいのですが、
実際はほとんど
順序が後のパッチムが
省略されて発音されます

닭

여덜

　「ソンセンニム（先生）」と言いたいときにふと、「あれ、どっちがㄴで
どっちがㅇだっけ?」と思い悩んでしまったことはないでしょうか?　この
ようにㄴとㅇの区別に迷ったときに、日本語の漢字の知識が非常に役立
ちます。日本語と韓国語の漢字音の間には次のような関連性があります。

① 「ン」が付く漢字はだいたいㄴかㅁになる。例：山（サン）→**산**
② 長音を持つ漢字はㅇになることが多い。例：強（キョウ）→**강**
③ 「-ク」で終わる漢字はだいたいㄱパッチムになる。
　　例：弱（ジャク）→**약**
④ 「-チ」「-ツ」で終わる漢字はだいたいㄹパッチムになる。
　　例：日（ニチ）→**일**、出（シュツ）→**출**

　つまり、「せんせい」は前が「ン」で後ろが長音なので、一つ目がㄴ、二つ
目がㅇという順番です。つまり**선생님**だということになるわけです。他にも
いろいろな関連性があり、また例外を挙げればそれこそきりがないのです
が、上の四つを知っているだけでも漢字語の発音やつづりに関するス
トレスがかなり軽減されますのでぜひ覚えてください。

　　　　激音・濃音

　私はかつて全国で行っていた韓国語発音セミナーの冒頭で、必ず参加者に「特に難しいと思う発音は何ですか?」という質問をしていたのですが、パッチムや母音の区別と並んで必ずと言っていいほど声が上がるのが「激音と濃音」でした。この問題、冒頭の「ストロベリーラテ問題」にも直結するのですが、「とにかく聞き取ってもらえない!」「ネイティブの発音を何度聴いてもイマイチしっくりこない!」と頭を抱えている学習者の多いこと多いこと。ということで、お待たせしました!　迷える日本人韓国語学習者にとって永遠のテーマと言っても過言ではない激音・濃音の世界に、いよいよ入っていきます。

① 激音とは何か

　激音。書いて字の如く「激」しい「音」。韓国語では**거센소리**、つまり「荒々しい音」と呼ばれることもあります。この「激しさ」や「荒々しさ」を感じさせるのがズバリ「息漏れ」。発声と同時に息が勢いよく発せられるのが激音のポイントです。

　韓国語には五つの激音があります。「くちびる部」のㅍ、「まえ部」のㅌとㅊ、そして「うしろ部」のㅋとㅎです。これらはそれぞれ元となる平音を持っています。

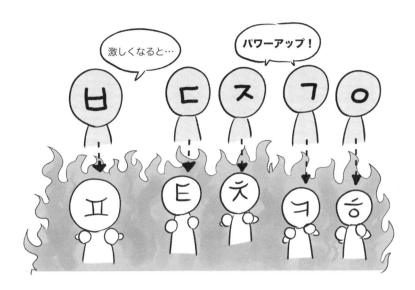

　さて、平音の**다**と激音の**타**の発音の違いを音声分析機にかけて視覚化するとこんな感じになります。

二つの形を比べてみると、激音타の方は前の方に小さなモニョモニョがあるのが分かりますよね？　この部分こそが、母音がリリースされる前の「息漏れ」を可視化したものです。音声学ではこの息がリリースされるまでの時間をVOT (Voice onset time＝有声開始時間) と呼んでいます。この部分だけを再生すると次のような音が聞こえます。

聴いてみよう 6　[TR31]

ㅌ　ㅌ　ㅌ　ㅌ

　すでに述べたように子音の本質は「ストップ」ですが、ㅂ、ㄷ、ㅈ、ㄱはストップの後すぐに母音に移るのに対して、激音のㅍ、ㅌ、ㅊ、ㅋはそれぞれの子音の位置で音をストップさせた後、すぐに母音に移るのではなく、息漏れとともにストップが解除されます。

激音を子音だけの状態で発音してみましょう。

① ㅍ ㅍ ㅍ ㅍ ㅍ

② ㅌ ㅌ ㅌ ㅌ ㅌ

③ ㅊ ㅊ ㅊ ㅊ ㅊ

④ ㅋ ㅋ ㅋ ㅋ ㅋ

⑤ ㅎ ㅎ ㅎ ㅎ ㅎ

感覚がつかめてきたら、これに母音を付けて発音してみましょう。

① ㅍ 파 ㅍ 피 ㅍ 포

② ㅌ 타 ㅌ 티 ㅌ 토

③ ㅊ 차 ㅊ 치 ㅊ 초

④ ㅋ 카 ㅋ 키 ㅋ 코

⑤ ㅎ 하 ㅎ 히 ㅎ 호

② 韓国人の激音センサー

　ところで、われわれが普段発音している日本語の「た」、特に語頭に来る「た」は、韓国語ネイティブの耳にはどのように聞こえているのでしょうか？

　韓国でも人気のある日本食に「たこ焼き」があります。下の写真はソウルの繁華街ホンデにあったたこ焼き屋の看板です。

　正面に大きく**타코야끼**と書いてあるのが分かります。語頭の「た」を**타**として認識しているのが分かります……が！　その左に目を移すと……

　なんと**다코야끼**と書いてあるではありませんか！　ここでは語頭の「た」が**다**として認識されていることになります。ちなみに韓国の国立国語院が定めた「外来語表記法」には「語頭の清音は平音で表記すること」となっていますので、それに従うと「たこ焼き」の「た」は**다**が正しいということになるのですが、実際に街を歩いてみると**타**で表記されているものも少なくありません（というか、むしろそちらの方がメジャーなぐらいです）。これは

どういうことなのでしょうか?

　実は日本語ネイティブの発音する「た」には、韓国語ネイティブの耳に다として聞こえるものと타として聞こえるものが混在しているのです。これはまさに「音の線引き」の違いが日本語と韓国語で異なることから起こる現象です。

　これを仮に、「疲れた『た』」と「元気な『た』」という基準で区分してみましょう。同じ「た」でも、疲れている時と元気な時では喉に込められる力の具合に差が生じます。下は日本語ネイティブに「た」を「できるだけ疲れた感じ」「元気いっぱいな感じ」に分けて発音してもらったものです。

　波形を比較してみると、「元気な『た』」には韓国語の激音に見られるモニョモニョがあります。韓国語ネイティブが平音・激音・濃音を区別するポイントはいろいろありますが、激音に関してはこのモニョモニョがあれば韓国語ネイティブは間違いなく「激音判定」を下します。彼らには超高感度の

「激音センサー」があり、発音の中にちょっとでもこのモニョモニョを感じ取った瞬間「ピピッ、激音です！　ピピッ、激音です！」とセンサーが発動してしまうのです。いくら気を付けて**다**、**따**と言ったつもりでも、このセンサーが鳴ってしまったら最後、それは**타**としか聞き取ってもらえません。

　実は日本語ネイティブの場合、この激音センサーをわざと発動させる、つまり「激音に聞き取ってもらう」ことはそんなに難しくありません。先ほども言ったように「元気よく」発音することで、子音の前にモニョモニョが生まれます。むしろ日本語ネイティブの場合は、平音や濃音の場面で「いかに激音センサーを発動させないか」が大きな課題となってくるのですが、そのテクニックについては後ほど詳しく説明します。

③　濃音とは何か

　さて、激音に引き続き濃音です。突然ですが「濃音」って何だと思いますか？　「激音」は字をパッと見て「激」しい「音」なんだろうなあと分かりますが、「濃」い「音」って？　ちょっといまいちピンと来ない人が多いのではないでしょうか。韓国語で濃音のことを**된소리**と言うのですが、ここで使われている**되다**とは、**봄이 되다**（春になる）などのように「〜になる」という意味ではありません。辞書を引くと、それとは別に「強い・濃い」という意味を持つ**되다**があります。そこから**되다**（濃い）＋**소리**（音）→**된소리**→濃音という言葉が生まれたようです。しかし、このままでは依然として音が「濃い」ということの意味が解けません。そこでこの**되다**の項をさらに見ていくと「張り詰めた」という意味にたどり着きます。「張り詰めた音（**된소리**）」、これなら少し分かりやすいのではないでしょうか。

　激音の決め手になるのが音声波形にモニョモニョとなって現れる「息漏れ」であったとするならば、濃音の決め手は「緊張」です。例として**따**を発音した時の音声波形を、平音**다**、激音**타**と並べて比較してみましょう。

　平音の**다**に比べて**따**は、音の出だしのところで波形が爆発するように急激に広がっているのが分かります。**타**に見られるような激音センサーを発動させるモニョモニョも全く見当たりません。これは、発音の前に口の中が緊張することにより力の「チャージ」が起き、そこでたまったパワーが発声とともに一気に開放されるからです。

　緊張によってパワーがチャージされる様子をイラストで見てみましょう。

ちょうど2コマ目のように「くちびる部」の㎃なら唇で、「まえ部」の㎱なら歯茎の裏で、「うしろ部」の㎄なら口の奥の方で、しっかりパワーをためることが大事です。同じ「まえ部」でも㎚の場合は、舌を押し付けるのではなく、舌先と歯茎の裏の狭い空間に、ちょうどホースを指で押さえてつぶした時のように息を勢いよくぶつけて力をチャージしてください。

④　確実に濃音に聞こえるコツ（激音センサーを回避せよ！）

　「言うは易く行うは難し」とはよく言ったもので、濃音のポイントが頭で理解できても、その感覚を自分のものにするのはなかなか簡単ではありません。濃音に関しては日本語ネイティブ向けにさまざまな指導法が工夫されてきました。そのうちの一つが「語頭に小さな『っ』を付けるつもりで」というものです。日本語の小さな「っ」（促音）には韓国語の濃音と同じような口内の緊張を引き起こす働きがあります。そのため、「あった、あった、あった……」と発音して、徐々に語頭の「あ」を取り除くようにすれば「った」つまり㎱が出せるようになるという論理です。

　この語頭に「っ」を付けるという方法はかなり有効で、これでたちまち濃音の発音をマスターしてしまう人もいるのですが、その一方でいくら「ったるぎ」と言っても딸기に聞き取ってもらえないという人も少なくありません。

　それを引き起こしているのが、先ほど紹介した「激音センサー」です。このセンサーはわれわれが想像するよりもはるかに高感度で、発音の中に少しでも「息漏れ」を感知するとすぐに作動してしまいます。

　小さな「っ」を意識して「ったるぎ」と言っても、「息漏れ」が察知されてしまうと韓国語ネイティブは탈기として認識し、「え？　　탈기？　　何それ？」となってしまうのです。しかも困ったことに、濃音に対する苦手意識が強まれば強まるほど、頑張って発音しようとする気持ちが空回りして発音に「息漏れ」が生じやすくなってしまいます。

　この悪循環を断ち切るために私が推奨しているのが、**딸기**であれば「ったるぎ」ではなく「っだるぎ」、**까치**であれば「っかち」ではなく「っがち」と、「小さな『っ』＋濁音」のつもりで発音してみようという方法です。

　これは日本語の濁音の特徴を逆手にとった発音法です。日本語の清音と濁音を比較してみると、清音は「息漏れ」が観察されたりされなかったりするのですが、濁音はそれがほとんどありません。日本語の清音と濁音、韓国語の平音、激音、濃音の音声学上の特徴を「息漏れ」と「緊張」という基準からまとめたのが下の表になります。

	息漏れ	緊張
た	△	×
だ	×	×
った	△	○
っだ	×	○
다	×	×
타	○	×
따	×	○

　これを見ると、日本語の「っだ」と韓国語の**따**の特徴が一致しているのが分かります。もちろん日本語の「っだ」と韓国語の**따**の音が完全に同じというわけではないのですが、大事なのは「っだ」の音が「韓国語ネイティブの耳には**다**にも**타**にも聞こえない→消去法で**따**にしか聞こえない」ということです。

発音してみよう28 TR34

①까 끼 꾸 끄 께 꼬 꺼
②따 띠 뚜 뜨 떼 또 떠
③빠 삐 뿌 쁘 뻬 뽀 뻐
④싸 씨 쑤 쓰 쎄 쏘 써
⑤짜 찌 쭈 쯔 쩨 쪼 쩌
⑥까마귀　꾸미다　꼬리　꺼지다　-끼리

⑦때밀이　떠나다　따지다　뚫어지다　딸기

⑧빠르다　뿌리　　뽀뽀　　빼다　　　뼈

⑨쌀　　　쑤시다　쓰다　　씨름　　　쏘이다

⑩짜다　　쭈꾸미　째려보다　찡그리다

쫓겨나다

〈日本語訳〉⑥カラス、飾る、尻尾、消える、〜同士　⑦あかすり、去る、文句を言う、穴が開く、イチゴ　⑧早い、根っこ、チュー、抜く、骨　⑨米、突き刺す、使う・書く、韓国相撲、打たれる　⑩絞る、イイダコ、じろじろ見る、顔をしかめる、追い出される

日本語ネイティブの強み、アクセントを生かせ

　韓国語ネイティブは「息漏れ」を敏感に察知する「激音センサー」を持っていますが、日本語ネイティブはその部分があまり発達していません。その代わり、日本語ネイティブは発声時の声帯の振動を察知する高性能の「バイブセンサー」を持っており、それで清音「か」と濁音「だ」を区別しています。このような違いが生まれるのは、音の線引きの基準となる「発音のこだわりポイント」が言語ごとに異なるからです。

　「バイブセンサー」と並んで、日本語ネイティブにとって得意なのが「アクセント」を敏感に感じ取ることです。スーパーで「柿どこですか?」と尋ねるのと「牡蠣どこですか?」と尋ねるのとでは、案内されるコーナーが全く異なりますよね?　この違いはアクセントによって区別されます。日本語においてアクセントというのはものすごい「こだわりポイント」なのです。この日本語ネイティブならではの長所が、実は激音・濃音を発音するときに非常に役に立ちます。

　韓国語のアクセント規則については、後ほど発展編で詳しく解説しますので、ここでは現象を紹介するにとどめますが、ある単語が平音で始まるとき

と、激音・濃音で始まるときでは現れるアクセントの形が異なります。

　「新村・新川問題」と並んで数々の被害者を生み出している難問に「ホンデ・コンデ問題」があります。ソウル市内でも指折りの学生街＆繁華街を抱える「弘益大学」と「建国大学」は、それぞれ「ホンデ (**홍대**)」「コンデ (**건대**)」という愛称で親しまれています。しかし、日本人が苦手なㅗ・ㅓ・ㅇパッチム、ㄴパッチムがあるために、「ホンデに行こうと思ってタクシーに乗ったらコンデに着いてしまった！」「コンデへの行き方を聞いたらホンデに案内された！」という日本人旅行客が後を絶ちません。しかも厄介なことにこの二つはどちらもソウルの大動脈である地下鉄2号線の沿線上にあり、その上、位置は正反対というトラップだらけなのです。

　しかし、アクセントに注目すればこの問題はうそのように解決します。激音で始まる**홍대**と平音の**건대**では、アクセントの形が異なるからです。それぞれのアクセントの形を見てみましょう。

1 音節	달	탈	딸
2 音節	달기	탈기	딸기
3 音節	달이야	탈이야	딸이야
4 音節	달이에요	탈이에요	딸이에요
5 音節	달이었어요	탈이었어요	딸이었어요

発音してみよう 29 （TR35）

アクセントを意識しながら発音してみましょう。

① **자　　차　　짜**

② **자요　차요　짜요**

③ **달이야　　탈이야　　딸이야**

④ **달이에요　탈이에요　딸이에요**

⑤ **건대입구로 가 주세요**

⑥ **홍대입구로 가 주세요**

〈日本語訳〉①寝る、冷たい、しょっぱい　②寝ます、冷たいです、しょっぱいです
③月だ、お面だ、娘だ　④月です、お面です、娘です　⑤建大入口に行ってください
⑥弘大入口に行ってください

発音変化

　韓国人はよく「ハングルは世界中のあらゆる音を表記することのできる世界で最も優れた文字である！」などと自慢します。確かにハングルは論理的かつ科学的な思考にのっとって作られた類まれなる表音文字です。このことは疑いようもありません。しかし、外国人の立場で韓国語を勉強していると、「本当にそうだろうか？」という場面にしばしば出くわします。例えば、**산길** (山道) は実際には[**산낄**]と濃音で読まなくてはいけません。また、ソウルの学生街である**대학로** (大学路) も実際の発音はハングル表記とは異なる[**대항노**]です。そのたびに私たちは「ハングルの通りに読まないじゃないか！」とついつい韓国人に苦言を呈したくなってしまいます。さて、ここからは学習者を悩ませ続ける「発音変化」つまり「ハングル通りに読まない場合」について学んでいきましょう。もちろんどうしようもない例外も中にはあるのですが、理屈を知れば「ああ、確かにこういう音になるしかないのだわい」と納得できることがほとんどです。では、始めましょう！

① 鼻音化

　밥 먹었어요?（ご飯食べましたか？）は韓国でよく使われるあいさつのフレーズです。本当に食事したかどうかを確認したいわけではなく、「おはよう」「元気？」のようなニュアンスで使われます。さて**밥**とは「お米のご飯」のことですが、ここでは[**밥 머거써요?**]と発音されます。**밤**は「栗」なので、発音上は「ご飯食べましたか？」と「栗食べましたか？」は同じになってしまうということです。このような現象を「鼻音化」と言います。

　「鼻音化」と言うぐらいですので、この現象には「鼻課」のメンバー、

特に**ㅁ**と**ㄴ**が関わっています。この二人は隙あらば他の子音も「鼻課」に
引きずりこんでやろうと狙っています。

しかし、母音とペアになっている子音はガードが固いため、彼らが狙う
のは母音を持たず一人でいる「パッチム」です。

　ロに鼻音化させられたからといってロパッチムになるわけではない理由は、ㄱパッチムの所属が「うしろ部」だからです。「うしろ部」のㄱは鼻音化しても「後ろ部」のㅇにしかならないのです。

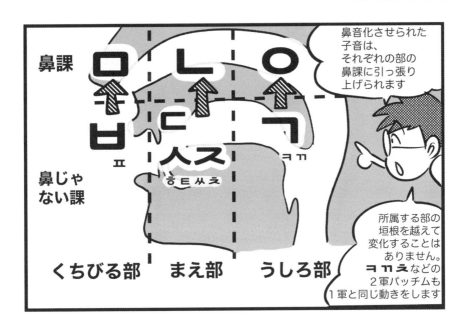

発音してみよう30 　TR36

① **입니다**　　**연습 문제**　　**앞니**　　**없네요**　　**앞날**

② **닫는**　　　**끝나다**　　　**거짓말**　　**옛날**　　**있는데**

③ **국민**　　　**악마**　　　　**백만**　　**먹는다**　　**꽃만**

④ **비빔밥 먹어요?**

⑤ **쥐 잡는 날이에요.**

⑥ **못 먹을 것 같아요.**

⑦ **옷 먼저 사러 왔는데요.**

⑧ **계속 놀았어요.**

⑨새해 복 많이 받으세요.

〈日本語訳〉①～です、練習問題、前歯、ないですね、今後　②閉める～、終わる、うそ、昔、あるけど　③国民、悪魔、百万、食べる、花だけ　④ビビンバ食べますか？　⑤ネズミを捕まえる日です。　⑥食べられなさそうです。　⑦先に服を買いにきました。　⑧ずっと遊びました。　⑨明けましておめでとうございます。

　さて、ここまで鼻音化の仕組みについて話してきましたが、あなたは気付いたでしょうか？　そう、先ほどからㄹの姿が見当たらないという事実に……。

　鼻音化の黒幕にして最後の刺客、それがまさにㄹなのです！　ㄹは「鼻課」ではないのですが、ここではなんと「鼻課」サイドに寝返ったかと思うと、「鼻じゃない課」のパッチムたちを鼻音化させにかかるという行動に出ます。しかし、その過程で自らも鼻音化してしまいㄴに姿を変えてしまう

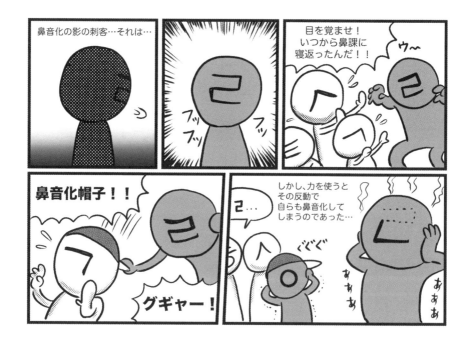

のです。ただしㄷパッチムが相手のときはㄷをㄴに鼻音化させた後、自らがㄴに変化するより先に「流音化」（P.102）が起こり、ㄹㄹとなることが多いです。

　ㄹの乱心はこれだけにとどまりません。何を思ったか、もともと「鼻課」であるパッチムのㅁやㅇにまで襲いかかるのです……が、逆に返り討ちにあい、自分だけがㄴに変えられてしまうという悲劇に見舞われます。ただしㄴに襲いかかった時は、ちょっとした「ミラクル」が起こるのですが、それはまた後ほど。

発音してみよう31　TR37

①합리　압력　압록강　법률　컵라면
②국립　폭력　대학로　박력
③심리　종로　음료　　등록　대통령

〈日本語訳〉①合理、圧力、鴨緑江、法律、カップラーメン　②国立、暴力、大学路、迫力　③心理、鍾路、飲料、登録、大統領

　さて、周りを鼻音化させようとしては自らもㄴに変えられてしまうなど
ちょっと気の毒な感じがするㄹの振る舞いを紹介しましたが、このㄹが繰
り出す奇跡の必殺技が「流音化」です。そのターゲットとなるのはㄴ。ㄹ
はㄴと隣り合わせになると、相手を自分と同じㄹに変えてしまうことがで
きるのです。しかも、この技はㄴがパッチムとして前に来た時はもちろん、
自分がパッチムでㄴが後ろに来たときにも有効。前後どちらでも相手を自
分色に染めてしまうという凄技を繰り出せるのは数ある子音の中でもㄹだ
けです。

　さてこうして[실라]、[절라도]などㄹが２連続する発音が出来上がるわけ
ですが、この発音が苦手だという人が結構います。〜를の時と同様にㄹに

対する妙な苦手意識がそうさせているのだと思いますが、これも実は驚く
ほど簡単に解決できます。

　「辛い」ものを食べた時に「かっら〜」と言ったりしますよね？　「え
らい」を強調するのに「えっらい」と言ったりもします。このように小さ
な「っ」から「ら行」に移るときに出るのがㄹが2連続する時の音なので
す。これは、イタリア語の「bella（美しい）」がカタカナで「ベッラ」
と表記されることから着想を得た練習法なのですが、実際に学習者の方に
やってもらうと、かなり効果てきめんです。

発音してみよう 32 TR38

①신라　난로　연락　편리　권력
②실내　줄넘기　핥는　먹을 남자　잘 녹다

〈日本語訳〉①新羅、暖炉、連絡、便利、権力　②室内、縄跳び、なめる〜、食べる男、
よく溶ける

3) ㄴ挿入

　부산역（釜山駅）は、ハングル通りに読めばㄴパッチムが直後の母音で
ある ㅕ とくっついて[**부사녁**]となりそうなものですが、[**부산녁**]と発音しま
す。これは**역**が[**녁**]に変化し、前の**부산**とそのまま連結したものなのです
が、このような現象を「ㄴ挿入」と言います。ㄴ挿入は次の三つの条件が
そろった状況で引き起こされます。

①単語と単語が合わさった複合語であること
②前の単語がパッチムを持っていること
③後ろの単語が「이」タイプの母音で始まること

　부산역（釜山駅）という単語は**부산**（釜山）＋**역**（駅）というように二つの単語から成り立っています。これを複合語といいます。このような単語には「前歯＝前＋歯」「木の葉＝木＋葉」などがあります。「이」タイプの母音というのは第2課で説明した ㅣ、ㅑ、ㅒ、ㅕ、ㅖ、ㅛ、ㅠ の七つです（P.033）。同じ複合語であっても、**실내 온도**（室内温度）＝**실내**（室内）＋**온도**（温度）のような場合はこれらの三つの条件に当てはまらないので、後ろの語の**온도**は [**논도**] となることはありません。[**온도**] のままです。

 考えてみよう3

次のうち、ㄴ挿入が起こるものを全て選んでください。

① **합정역**
② **올리브유**
③ **식용유**
④ **공포 영화**
⑤ **일본 영화**
⑥ **한국 음악**

〈日本語訳〉①合井駅　②オリーブ油　③食用油　④ホラー映画　⑤日本映画　⑥韓国音楽

正解は①、③、⑤です。②と④は前の単語がパッチムで終わっていないので違います。また⑥は後の単語である**音악**が「**이**」タイプの母音ではないので違います。①、③、⑤はそれぞれ次のように発音されます。

合정역　　→ 합정+역　→ 합정+녁　→ 합정녁
식용유　　→ 식용+유　→ 식용+뉴　→ 시공뉴
일본 영화 → 일본+영화 → 일본+녕화 → 일본 녕화

　さて、ㄴ挿入が起こる基本的な仕組みについては分かっていただけたでしょうか？　では、今からㄴ挿入の第2ステージに突入です。
　ソウル市内に**안국역**（安国駅）、**서울역**（ソウル駅）という駅があります。「釜山駅」と同様に、これらも「地名＋駅」の複合語ですので、**역**ではなく**녁**となることは今まで述べた通りです。問題はここからです。**ㅇ**が**ㄴ**に変わったことで、これらの駅ではここからさらに「鼻音化」（P.096）と「流音化」（P.102）が引き起こされるのです。その過程をマンガで確認してみましょう。

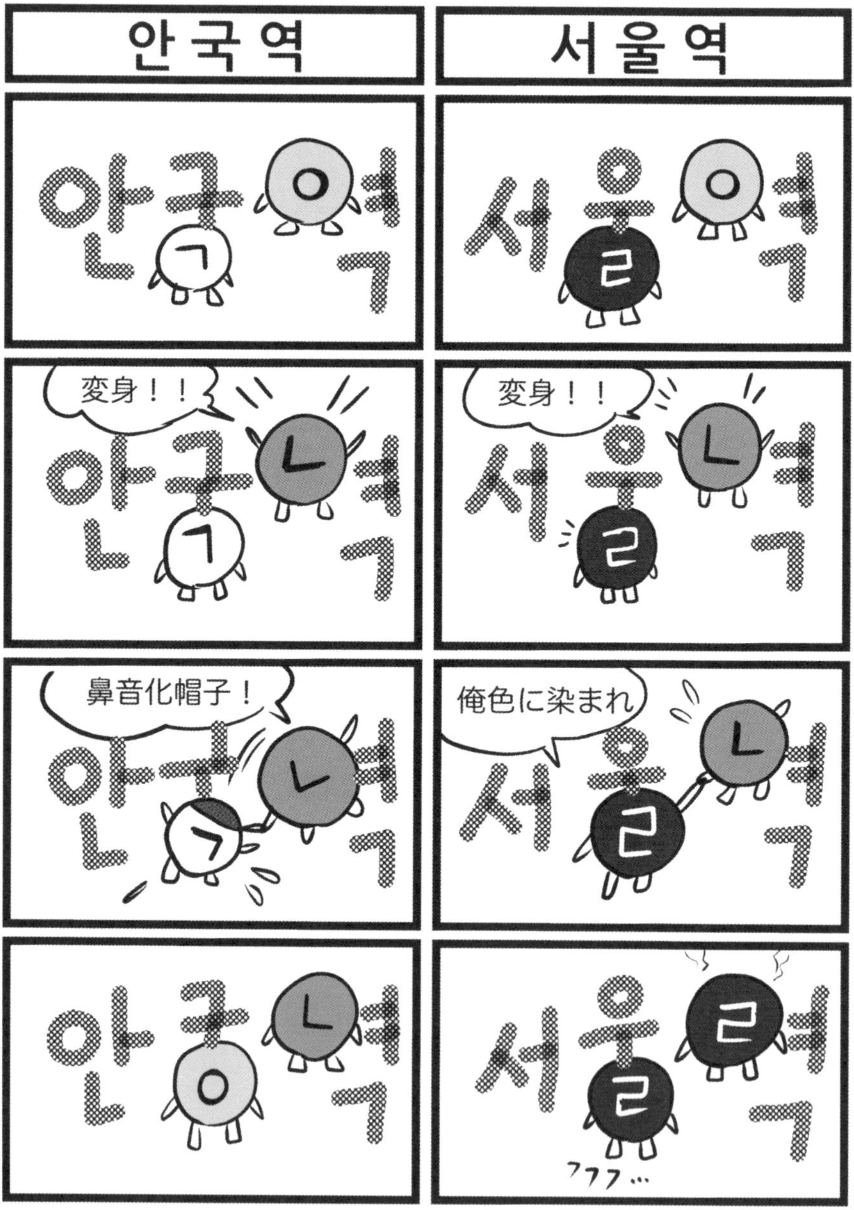

안국역
서울역
変身！！
鼻音化帽子！
変身！！
俺色に染まれ
ᄀᄀᄀ…

　また、ㄴ挿入は単語間をまたいで起きることもあります。これは「ひとまとまり感の強い単語間」で起き、単語一つずつを分けてゆっくり発音する場合には起きません。例えば、**무슨 일**は間に分かち書き（**띄어쓰기**）があるため2単語扱いですが、実際には一つの単語のようにつなげて発音されることが多く、そのような場合はㄴ挿入された[**무슨닐**]という形で発音されます。2単語間にどれほどのまとまり感を見出すかは韓国語ネイティブの間でも個人差が大きく、例えば**역 이름**（駅名）などの場合、**역**＋**이름**と分けて考えた場合は[**여기름**]、ひとまとまりとして考えた場合は[**영니름**]と発音することができ、どちらも間違いではありません。

　また、丁寧さを表す助詞〜**요**も、**-거든**や**-을걸**、〜**랑**などが前に来るとㄴ挿入が起きて[**거든뇨**]、[**을껄료**]、[**랑뇨**]となります。

発音してみよう33 TR39

①**부산역　합정역　식용유　일본 영화　노인용**

②**연습용　앞일　졸업 여행**

③**늦여름　꽃잎　바깥일　깻잎**

④**색연필　한국 영화　어학연수　소독약**

⑤**알약　연말연시　휘발유　지하철역**

⑥**무슨 일　한국 유학　고급 영어**

　내일 만날 약속　어제 만난 여자

⑦**했거든요　갔을걸요**

　김밥 하나랑요, 떡볶이 주세요

〈日本語訳〉①釜山駅、合井駅、食用油、日本映画、老人用　②練習用、今後のこと、卒業旅行　③晩夏、花びら、外での仕事、エゴマの葉　④色鉛筆、韓国映画、語学研修、消毒薬　⑤錠剤、年末年始、ガソリン、地下鉄駅　⑥どんなこと、韓国留学、上級英語、明日会う約束、昨日会った女性　⑦したんですよ、行ったはずですよ、キンパ一つとトッポッキ下さい

④　ㅎ弱化

　日本人に最もよく知られている韓国語のあいさつと言えば、何といってもアンニョンハセヨ？（**안녕하세요?**）、カムサハムニダ（**감사합니다**）でしょう。韓国語を勉強していない人でも、これらのフレーズを知らない人はいないほどですよね。それほどポピュラーな**안녕하세요?**、**감사합니다**ですが、実は意外とネイティブっぽく発音するのは難しく、逆に言うと日本人っぽさが露見しがちな言葉でもあるのです。その原因は**하세요**、**합니다**の**ㅎ**にあります。

　ㅎは**ㅇ**の激音であり、発音は日本語の「は行」とほぼ同じです。しかしこの**ㅎ**、激しさが売りの激音グループにあってかなり控えめな性格。語頭に来るときはちゃんと激しく発音されるのですが、前に母音が来たり、鼻課の子音（**ㅁ**、**ㄴ**、**ㅇ**）や**ㄹ**など、いわゆる「2軍を持たない」パッチム（P.065）が来たときは、とたんに激しさを引っ込めて**ㅇ**になってしまうのです。韓国の時代劇を見ると王様に向かって家臣が**저～나～**、**저～나～**と言っているのをよく目にしますが、これはもともとは**전하**（殿下）が[**전아**]に変化し、連音化して[**저나**]と発音されるというわけです。

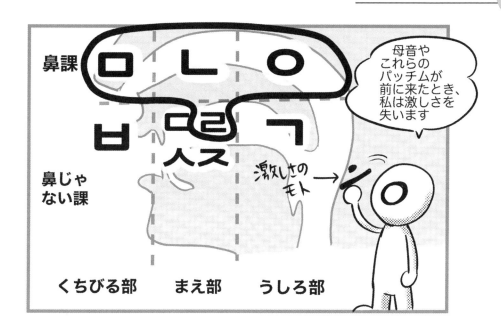

また、**좋은 사람**（いい人）のように、ㅎがパッチムで直後に母音が来る場合はㅇにすらならず完全にその姿を消してしまいます。

좋은 사람 → [조은 사람]
낳아요（生みます）**→** [나아요]

なので、**안녕하세요**、**감사합니다**はそれぞれ[**안녕아세요**]、[**감사암니다**]のように発音すると非常にこなれた感じになります。**안녕하세요**の場合はㅎ弱化の結果、「ㅇ」が連続するので鼻濁音になるのもポイントです（P.075）。

ただ「する」という意味の**하다**は前の語をどれぐらい強調するかによってもㅎ弱化の程度が変わったりするのですが、それに関しては発展編「**하다**のアクセント」の項目（P.168）で改めて詳しく解説します。

① 은행　전화　칠호선　사회　서해

② 여름방학　상하　성화　공항　항해

③ 낳아요　놓았어요　쌓아요　많이　않았어요

④ 십분 후　미안해요　식사했어요?　마신 후
가능한 한

〈日本語訳〉①銀行、電話、7号線、社会、西海　②夏休み、上下、聖火、空港、航海
③生みます、置きました、積みます、たくさん、～ませんでした　④10分後、すみ
ません、食事しましたか?、飲んだ後、可能な限り

⑤ 激音化

　このようにちょっと控えめで気弱な印象のㅎですが、なかなかどうして心の中には激しい情熱を秘めています。それだけではなく、ㅎは「ある条件」が整うとその情熱を他の子音にも分け与えて激しくパワーアップさせてくれるハングル界のインフルエンサー的な面も持っているのです。う〜んㅎ、いい奴です。さて、その「ある条件」というのは次の二つです。

　①ㅎが直接他の子音と隣り合う
　②隣り合った子音が「鼻じゃない課」の平音である
　　（ただしㄹを除く）

　ㅎが直接他の子音と隣り合うという①の条件には二つのパターンがあります。まずㅎの前にパッチムがあるパターン、そしてㅎがパッチムのパターンです。
　②の条件に当てはまる子音は「くちびる部」ではㅂ、「まえ部」ではㄷ、ㅅ、ㅈ、「うしろ部」ではㄱの合計五つ。これはㅎ弱化のところのイラストでチェックがされていなかった残りの子音たちということになります。
　上の二つの条件が整ったとき、ㅎは自らの激しさの元を、隣り合った子音に手渡してしまいます。その結果、力を与えられた子音は「激音」にパワーアップするのですが、ㅎは跡形もなく消滅してしまいます。自らの命をていして他の子音をパワーアップさせるㅎの自己犠牲精神。まさに聞くも涙、語るも涙の発音変化です。この現象は「激音化」と呼ばれています。

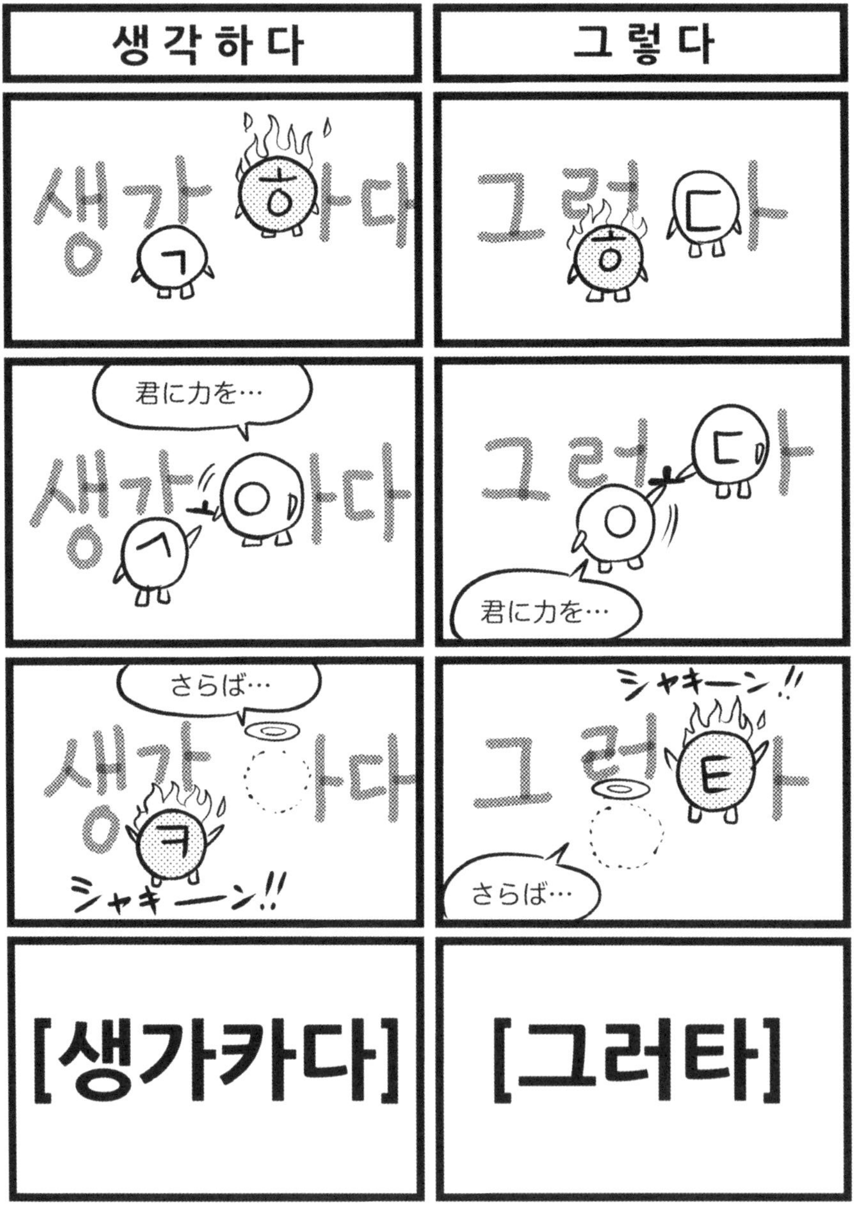

생각하다
君に力を…
さらば…
シャキーン!!
[생가카다]
그렇다
君に力を…
シャキーン!!
さらば…
[그러타]

　ここで問題です。激音のないㅅはどのようになるのでしょうか？　これは「まえ部」パッチムのところの説明（P.055）を思い出してもらうと分かるのですが、ㅅはパッチムのときは[ㄷ]として発音されますので、激音化した場合は[ㅌ]になります。

비슷하다→[비슫하다]→[비스타다]

　また**많다**、**않다**のように二重パッチム「ㄴㅎ」を持っているものの場合もㅎが激音化を引き起こすため、[만타]、[안타]と発音します。

　われわれはどうしても「このようにつづってあるからこう発音する」と考えてしまいがちですが、実際は逆で「このように発音しているものを合理的に書き表わそうとした結果こうつづることになった」というのが正しく、「ㅎパッチムがあるから激音化する」というよりも「激音化が見られる単語にㅎパッチムを付けた」のだと理解してください。

　また、日本語ネイティブは**그렇게**などㅎパッチムのある単語を「クロッケ」とまるでコロッケのように発音してしまう傾向があるのですが、あくまでも[그러케]です。**좋다**も「チョッタ」ではなく[조타]ですので、気を付けてくださいね。

発音してみよう35　TR41

① **약하다**　　육회　　　법학　　　뜻하다
② **그렇다**　　그렇고　　그렇게　　그렇지만
③ **많다**　　　많고　　　많게　　　많지만
④ **부탁하다**　입학하다　졸업하다　컷하세요

113

⑤옷하고　목하고　딱 한 번　꽃 한 송이

〈日本語訳〉①弱い、ユッケ、法学、意味する　②そうだ、そうで、そのように、そうだが　③多い、多くて、多く、多いが　④お願いする、入学する、卒業する、カットしなさい　⑤服と、首と、一度だけ、一輪の花

6　濃音化

　発音変化の中で特に厄介なのがこの濃音化ではないでしょうか。私は「山道」をハングル通りに[**산길**]と発音して韓国人の友人に通じなかった思い出があります。その時[**산낄**]と発音するのだと訂正されたのですが、「ええっ、でもハングルではそうなってないよ！」と非常に理不尽なものを感じた記憶があります。激音化や鼻音化など比較的ルールが定まっているものとは違い、濃音化はさまざまなパターンがある上に例外も多く、結局はケース・バイ・ケースで覚えていかないといけない部分があります。

　ただ濃音化の中には、日本語ネイティブであれば自然にできてしまうものもあります。「鼻じゃない課」の音同士がぶつかり合った場合の濃音化がそれに当たります。例えば次のようなケースです。

압구정 (狎鷗亭)　　　　　　→[**압꾸정**]
젓가락 (箸)　　　→[**젇가락**]→[**젇까락**]
앞 부분 (前の部分)　→[**압부분**]→[**압뿐분**]

　これらは例えば日本語でも「学＋校」を「がくこう」と読まず「がっこう」と読むように、日本語ネイティブにとっては無意識にできてしまうものです。この項では日本語ネイティブが注意すべき濃音化パターンについて説明していきます。

ㄹパッチム絡みのもの

　韓国のネットを見ていると、韓国語ネイティブの間でたまに「**할게요**と**할께요**のどちらのつづりが正しいのか？」という議論が交わされていることがあります。正解は**할게요**なのですが、にもかかわらずこのような論争が起こるのは、実際は確かに[**할께요**]と濃音化して発音されているからです。このようにㄹパッチムは後続する平音を濃音化させる性質を持っています。特に**할**、**먹을**のような未来連体形語尾の後ろでは濃音化が起こることが多いです。

　절대 (絶対)、**출산** (出産)、**결정** (決定) など、韓国語は語彙のうち漢字語が占める割合が非常に多い言語です。実に7割が漢字語だと言われています。漢字語においてもㄹパッチムは濃音化を引き起こします。

　　절대→[절때]　　출산→[출싼]　　결정→[결쩡]

　しかし、漢字語で濃音化が起こるのはㄹパッチムの後に来るのが「まえ部」つまりㄷ、ㅅ、ㅈの時に限られます。「うしろ部」のㄱや、「くちびる部」のㅂは濃音化しないので注意してください。

　　출국 (出国) **→[출국]　　출발** (出発) **→[출발]**

語幹末が「鼻課」パッチムの動詞・形容詞

「語幹」というのは簡単に言うと「辞書形から最後の**다**を取ったもの」です。例えば**먹다**の語幹は**먹**-、**마시다**の語幹は**마시**- になります。語幹末が「鼻課」パッチムである動詞、例えば**심다**（植える）、**안다**（抱く）などは濃音化が起こって [**심따**]、[**안따**] となります。**삶다**（煮る）などこれらのパッチムで発音される二重パッチム（P.076）も同様に濃音化して [**삼따**] となります。

 発音してみよう 36 （TR42）

① 먹을 밥　　하실 분　　있을 법하다

② 외울 단어　받을 돈

③ 갈 사람　　공부할 시간

④ 앉을 자리　얻을 정보　오를 주식

⑤ 결단　　할당　　활동　　갈등

⑥ 발신　　달성　　발사　　절실

⑦ 밀집　　출장　　설정　　물질

⑧ 신다　　신고　　신겠다　　신지　　신잖아

⑨ 넘다　　넘고　　넘겠다　　넘지　　넘잖아

⑩ 앉다　　앉고　　앉겠다　　앉지　　앉잖아

⑪ 젊다　　젊고　　젊겠다　　젊지　　젊잖아

〈日本語訳〉①食べるご飯、なさる方、あるものだ　②覚える単語、もらうお金　③行く人、勉強する時間　④座る席、受け取る情報、上がる株　⑤決断、割当、活動、葛藤　⑥発信、達成、発射、切実　⑦密集、出張、設定、物質　⑧履く、履いて、履きそうだ、履きなよ、履くじゃないか　⑨超える、超えて、超えそうだ、超えなよ、超えるじゃないか　⑩座る、座って、座りそうだ、座りなよ、座るじゃないか　⑪若い、若くて、若そうだ、若いさ、若いじゃないか

さて、同じ「안다」でも「抱く」という意味の時は…

[안따]

「知ってる」という意味の時は…

[안다]

WANTED

このような違いはもともとの語幹に原因があります。

濃音化するのはあくまでももともとの語幹が「ㄴ」パッチムの動詞だから…。

안다 → [안따]

알다 → 안다 → [안다]

一度変化している

　さて、ここからがちょっと面倒なところです。**손바닥**（手のひら）は、**손**（手）と**바닥**（平らなもの）が合わさってできている複合語です。韓国語の単語の中には複合語で後ろに来たときになぜかいつも濃音化するものがあります。ざっとこんな感じです。

가	〜のほとり	**창가** 窓際　**길가** 道端　**강가** 川辺
가게	〜店	**반찬 가게** おかず屋さん
가락	〜棒状のもの	**손가락** 手の指　**발가락** 足の指
가루	〜粉	**밀가루** 小麦粉　**빵가루** パン粉
감	〜候補	**신랑감** 新郎候補　**사장감** 社長候補
값	〜値段	**몸값** 人としての値打ち　**부동산값** 不動産価格
거리	〜するもの	**고민거리** 心配事　**웃음거리** 笑いもの
국	〜スープ	**된장국** みそ汁　**해장국** 酔い覚ましスープ **콩나물국** 豆もやしスープ
길	〜道	**산길** 山道　**눈길** 雪道　**밤길** 夜道
등	〜背中・甲	**손등** 手の甲　**발등** 足の甲
바닥	〜平らなもの	**손바닥** 手のひら　**발바닥** 足の裏 **땅바닥** 地べた
살	〜肉・皮膚	**등살** 背中の肉　**안창살** ハラミ
짓	〜仕業・行動	**몸짓** 身振り　**손짓** 手振り

　これ以外にも**眼童子**（瞳）→[**눈똥자**]など濃音化するものはありますし、**물고기**（魚）は濃音化するけど**불고기**（プルコギ）は濃音化しない、同じ**잠자리**であっても「寝床」は濃音化するけど「とんぼ」は濃音化しないなど、いろんな例外や特殊なケースがあるので、とてもややこしいのですが、一度に覚えようとせずにトライ・アンド・エラーを繰り返しながら少しずつ自分のものにしていってください。

　과（課）、**병**（病）など、ある単語の後ろにくっついて複合語を作り出すタイプの漢字のうち、濃音化が起こるものがあります。主なものとしてはこんな感じです。

ハングル	漢字	濃音化する例	濃音化しない例
가	**価**	**주가** 株価　**할인가** 割引値	
과	**科**	**내과** 内科　**외과** 外科 **치과** 歯科	
과	**課**	**교무과** 教務課　**학생과** 学生課 **인사과** 人事課	
권	**券**	**입장권** 入場券　**매매권** 取引券 **할인권** 割引券	
권	**圏**	**대기권** 大気圏　**수도권** 首都圏 **역세권** 駅チカ	
자	**字**	**한자** 漢字　**문자** 文字	
장	**状**	**초대장** 招待状　**초청장** 招請状 **상장** 賞状	
증	**症**	**우울증** うつ病　**통증** 痛み **궁금증** 知りたい気持ち	
방학	**放学**（学校の 長期休暇）	**여름방학** 夏休み **겨울방학** 冬休み	
법	**法**	**문법** 文法　**치료법** 治療法 **사용법** 使用法　**행정법** 行政法 「〜の方法」「〜に関する法律」 という意味の語で濃音化	**방법**（方法）

병	病	**눈병** 眼病　**심장병** 心臓病 **전염병** 伝染病　**발병** 足の病 病気のタイプを表す複合語で 濃音化	**발병** 発病 **질병** 疾病
병	瓶	**콜라병** コーラ瓶　**맥주병** ビール瓶　**소주병** 焼酎瓶 「〜が入った瓶」という意味合いの語で濃音化	**유리병** ガラス瓶
성	性	**합리성** 合理性　**절대성** 絶対性 **가능성** 可能性	**남성** 男性 **여성** 女性 **개성** 個性 **본성** 本性
적	的	**시적** 詩的　**미적** 美的 **성적** 性的 「的」の前が一文字の時に濃音化	**절대적** 絶対的 **개성적** 個性的
증	証	**면허증** 免許証　**신분증** 身分証 「証明するもの」という意味合いが強い語で濃音化	**영수증** 領収証

⑦ ㄷがㅈになるもの（口蓋音化）

　「一緒に」という意味の**같이**はかなり早い段階で習うので、すでに知っている人も多いと思います。さて、この**같이**ですが、ハングル通りに読めば[**가티**]となるはずなのになぜか[**가치**]と読みますよね？　このようにㄷ、ㅌのパッチムがㅈ、ㅊとして発音されることがあり、音声学では「口蓋音化」と呼ばれています。なかなか仰々しい名前が付いているのでちょっと身構えてしまいそうですがこれがとても簡単。ㄷ、ㅌパッチムの直後に이か、その激音である히が来たときにしか起きません。

　そもそも[i]という母音は音声学的にちょっとしたトラブルメーカー。例えば日本語の「たちつてと」をローマ字表記すると「ta、chi、tsu、te、to」とイ段はTで表記しませんし、「さしすせそ」も「sa、shi、su、se、so」とイ段だけちょっと変わった感じになります。母音のところでもちょっと触れましたが、[i]は音を作る時に舌と口の隙間が最も狭くなり空気の通行が阻害されます。そのため[i]は「子音に最も近い母音」とも呼ばれたりもします。そんなわけで、周りの音にさまざまな影響を与えてしまいがちな母音なのです。

　갇히다(閉じ込められる)の場合は、まず激音化が起こってから口蓋音化します。

갇히다 [갇히다]→[가티다]（激音化）→[가치다]（口蓋音化）

　また、その**해요体**である**갇혀요**も結局は**이어요→여요**なのですから、[**가치어요**]→[**가처요**]となります。なおㅈ、ㅊ、ㅉの後では ㅕ は ㅓ と区別されません (P.047)。

発音してみよう 37 TR43

① 굳이　　받이　　해돋이
② 끝이　　바깥이　팥이
③ 붙이다　갇히다　닫히다　받히다
④ 붙여요　갇혀요　닫혀요　받혀요
⑤ 끝은　　바깥에　팥을　　솥의

〈日本語訳〉①わざわざ、受ける物、夜明け　②終わりが、外が、小豆が　③くっつける、閉じ込められる、閉まる、追突される　④くっつけます、閉じ込められます、閉まります、追突されます　⑤終わりは、外に、小豆を、釜の

　さてここまで説明を聞いて、「それなら最初から『갖이』って書けばいいんじゃないの?」と思う方がいるかもしれませんね?　ところがそうはいかないのは、先述したようにこの現象が「이」の前でしか起きないからです。**같은** (同じ)、**같아요** (同じです)、**팥에** (小豆に) などは全て[**가튼**]、[**가타요**]、[**파테**]とパッチムの音がそのまま連音化することを考えると、極めて限られた環境でしか起きない口蓋音化は例外として覚えた方が効率的だという考え方ですね。

コラム
5 韓国語の発音は「水彩画」

　鼻音化や流音化のような発音変化は日本人学習者の悩みの種ですが、このような現象は何も外国人に意地悪をしてやろうとして存在するのではなく、韓国語の「舌さばき」をしているとどうしてもそう「なってしまう」のです。日本語は一つひとつの音をしっかり独立させて発音する傾向がありますが、韓国語は前の音の余韻がまだ残っている状態で無理やり次の音に移るため、どうしても前の音から後ろの音に移る過程の音も一緒に発音されます。例えば**국민** (国民) が [**궁민**] になる現象は、まず**국**を発音し終えたときに「うしろ部」のㄱパッチムによって舌の付け根が喉の辺りをふさぎます。そして、その状態のまま**민**のㅁに移ろうとするため、まず鼻が開放されて、その時にどうしても「うしろ部鼻課」のㅇパッチムの音が出てしまうのです。絵画に例えるなら日本語は一つひとつの音の境界がはっきりしている油絵、それに対して韓国語は二つの音が重なって別の音がにじんでくる水彩画のような性質を持っていると言えるでしょう。

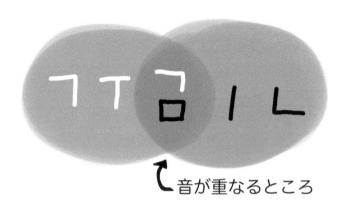

音が重なるところ

韓国語ネイティブの間でも
意見が分かれる流音化

　ソウル地下鉄2号線に**선릉** (宣陵) という駅がありますが、ソウル市民の発音を聴いていると [**설릉**] と言う人と [**선능**] と言う人がいて、韓国人の間でもしばしば論争となります。これは流音化と鼻音化のどちらを優先するかによって変わってくるのですが、一応標準語発音では流音化を優先して[**설릉**]が正解ということになっています。このようにㄴパッチムの後にㄹが来るケースの流音化では韓国語ネイティブの間でも意見が分かれることがあります。特に最近は外来語の影響でこの手の単語が新しく流入し、さまざまなところで「揺れ」が見られます。

　例えば**코코넛라떼** (ココナッツラテ) を[**코코넌나떼**]と発音するか[**코코널라떼**]と発音するかなどの問題です。これに関しては、私がネット上で韓国語ネイティブを対象にアンケートをしたところ、934人の回答者のうち57％が[**코코넌나떼**]、43％が[**코코널라떼**]と真っ二つに分かれてしまいました。そのうち時間がたてばどちらか一つに収束していくのかもしれませんが、発音に限らず言葉は生き物であり、いろいろな場所で「ルールからはみ出す」現象が起きるということを覚えておいてほしいと思います。

第7課　外来語の発音

　　かつて韓国を訪れる日本人のお目当と言えば「ショッピング」「韓国料理」「エステ」が定番でしたが、ここ数年若年層ファンを中心に「カフェ巡り」のために韓国を訪れる人が増えています。しかし、彼らの前に立ちはだかるのが「外来語」の壁。モカフラペチーノだカラメルマキアートだフィラデルフィアチーズケーキだとおしゃれなカフェは外来語のメニューがいっぱい。それも全て韓国語風に変化しており、日本風に発音しても通じないものも少なくありません。そこで、この課では韓国風外来語発音のうち「日本語ネイティブにとって特に気を付けるべきもの」を中心に解説します。なお、ここで取り上げるのは外来語のうち「英語」に限定します。

① 母音

　　日本語ネイティブが韓国風外来語を聞いた時に真っ先に違和感を覚えるのが「母音の差」です。「ファン」のことを「ペン」と言うことは韓流が好きな人たちにはすっかりおなじみだと思いますが、初めてそのことを知った時「え、なんで？」「変なの！」と思いませんでしたか？　逆に韓国語ネイティブは日本語ネイティブの「マクドナルド」の発音を聞いて大笑いしたりします。日本語ネイティブと韓国語ネイティブで「音の線引き」が異なることはすでに何度も述べた通りです。このような違和感も「線引き」が異なるために生まれるものです。ではここで、第2課で紹介した「母音の線引き」のイメージ図をもう一度見てみましょう。

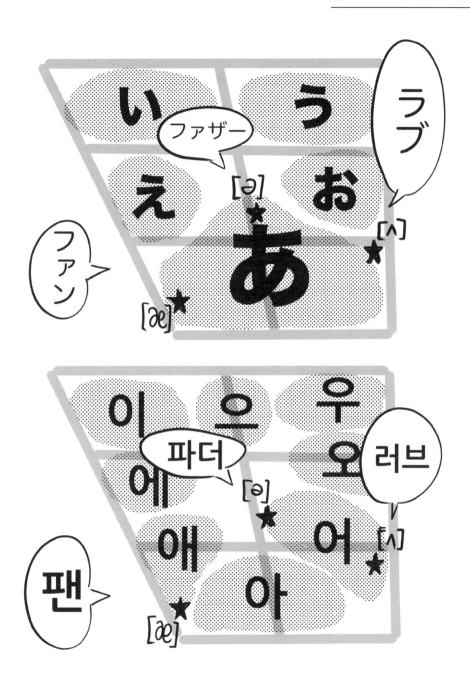

日本語の場合「あ」の範囲が非常に広いのが特徴です。その一部は韓国語の ㅐ や ㅓ の範囲とかぶっています。つまり、そのかぶっている場所で発音される外来語の音を聞いた時、日本語ネイティブの耳には「あ」として、韓国語ネイティブの耳には ㅐ や ㅓ として認識されるということです。

　その代表例が英語の[æ]という発音です。先ほど述べたfan（ファン）の発音は[fæn]で、この音が使われています。そのため日本語ネイティブには「ア」の母音に、韓国語ネイティブには ㅐ の母音に聞こえるのです。このように、日本語ネイティブ的には「ア」じゃないの？という音が ㅐ と表記されている場合は「もともとの英語は[æ]なのかな？」と思ってまず間違いないでしょう。

　「あ」と ㅓ の境界線で発音されるものとしては[ə]という音があります。英単語のうち語尾が「-er」とつづられるものはほぼ確実にこの音を持っています。例えばfather（父親）の発音は[fɑːðər]ですが、日本語では「ファザー」、韓国語では **파더** になります。

　他にもlove（愛）の発音、[lʌv]の[ʌ] も同じように日本語ネイティブには「あ」、韓国語ネイティブには ㅓ に感じられる発音です。そのためloveの表記も日本語では「ラブ」、韓国語では **러브** となるわけです。

あ　発音してみよう38 TR44

① 팬　　애플　햄　캣　앤
② 버거　픽처　메이커　유저　레이서
③ 러브　럭키　먼데이　헤어컷

〈日本語訳〉①ファン、アップル、ハム、キャット、（赤毛の）アン　②バーガー、ピクチャー、メーカー、ユーザー、レーサー　③ラブ、ラッキー、マンデー、ヘアカット

　日本語では「デート」「サイド」など「〜ト」「〜ド」で終わる外来語は基本的に**ㅡ**の母音が付いて〜**트 (데이트)**、〜**드 (사이드)** となります。ただし「ハット」「キャット」など「〜ト」の前が短母音のものは**햇**、**캣**のように**ㅅ**パッチムになりますが、それは後ほど「パッチム」の項 (P.134) で改めて紹介します。

　「コミュニケーション」など「〜ション」になるものは〜**션 (커뮤니케이션)** になります。日本語ネイティブは〜**숀**としてしまいがちなので気を付けてください。

　また、「フィッシュ」など「〜ッシュ」で終わるものは原則的には〜**시**なのですが、〜**쉬**という表記も広く使われていますので覚えておくといいでしょう。

発音してみよう 39　TR45

①**하트　루트　마트　메이트　　아트**

②**핸드　헤드　카드　브랜드　제임스 본드**

③**커뮤니케이션　카네이션　파운데이션　로션**

④**피쉬　허쉬　캐쉬　대쉬**

〈日本語訳〉①ハート、ルート、マート、メイト、アート　②ハンド、ヘッド、カード、ブランド、ジェームス・ボンド　③コミュニケーション、カーネーション、ファンデーション、ローション　④フィッシュ、ハッシュ、キャッシュ、ダッシュ

　アルファベットに惑わされてしまうケースも少なくありません。例えば「hot」の場合、ついつい「O→オ」と連想して**홋**なのではないかと思ってしまいがちですが、実際は**핫**が正解。これはもともとの発音が[hɑt]だからです。なお韓国語の外来語表記は、原則的にアメリカ英語の発音が基本に

なっています。

② 子音

　母音に比べると、韓国語式外来語の子音は日本語ネイティブにとって抵抗なく受け入れられるものが多いです。とは言ってもやはり異なる部分がないわけではありません。外来語の子音がそれぞれハングルではどのように表記されるのかを表にしてみました。

日本語	代表 アルファベット	ハングル	単語
カ行	**K** (C, Q も含む)	**ㅋ**	**커튼** カーテン　**킹** キング　**케이크** ケーキ
ガ行	**G**	**ㄱ**	**게이트** ゲート　**게임** ゲーム　**갬블** ギャンブル **갱** ギャング
サ行	**S**	**ㅅ**	**스위밍** スイミング　**사운드** サウンド **세트** セット　**스커트** スカート
ザ行	**Z**	**ㅈ**	**주** ズー　**지브라** ゼブラ　**존** ゾーン **줌** ズーム　**제로** ゼロ
ジャ行	**J** (G も含む)		**정글** ジャングル　**조** ジョー（人名） **자이언츠** ジャイアンツ　**재팬** ジャパン
タ行	**T**	**ㅌ**	**타이거** タイガー　**테라스** テラス **톤** トーン　**템포** テンポ　**토닉** トニック
ダ行	**D**	**ㄷ**	**댄스** ダンス　**도그** ドッグ　**데스** デス **드림** ドリーム　**데스크** デスク
ナ行	**N**	**ㄴ**	**노** ノー　**뉴** ニュー　**노크** ノック **나이트** ナイト　**네일** ネイル

ハ行	H	ㅎ	핸드 ハンド　**히스토리** ヒストリー　**호러** ホラー　**힌트** ヒント　**하이파이브** ハイタッチ
バ行	B	ㅂ	베드 ベッド　**박스** ボックス 비틀즈 ビートルズ　**볼** ボール　**붐** ブーム
パ行	P	ㅍ	파인 パイン　**피플** ピープル　**프라이드** プライド　**포인트** ポイント　**페인트** ペイント
ファ行 (PHも含む)	F		파인 ファイン　**펜싱** フェンシング 폭스 フォックス　**파운데이션** ファンデーション 페이크 フェイク
マ行	M	ㅁ	마더 マザー　**맥도날드** マクドナルド 뮤직 ミュージック　**맵** マップ　**무비** ムービー
ラ行	L	ㄹ	라이브 ライブ　**립** リップ　**롱** ロング 컬러 カラー　**필름** フィルム
	R		로즈 ローズ　**루트** ルート　**록** ロック 드래곤 ドラゴン　**드라마** ドラマ
サ行	TH	ㅅ	스리 スリー　**서드** サード　**사우전드** サウザンド　**스루** スルー　**선더** サンダー
ザ行		ㄷ	더 ザ　**뎀** ゼム (彼ら)　**디스** ディス 브라더 ブラザー　**어나더** アナザー

　上の表にもあるように「サ行」になるものは基本的には人で表記されるのが原則なのですが、実際には濃音化して从のように発音されることが一般的です。また、**땡큐** (thank you) のように例外的な表記もあります。

서머 → 써머 (サマー)

스리 → 쓰리 (スリー)

선더 → 썬더 (サンダー)

韓国語式外来語の子音に関して日本語ネイティブが特に違和感を持つのが「F」ではないでしょうか。上の表でも分かる通り、「F」は韓国語では [P] と同じ ㅍ で表記されます。そのため英会話のおなじみフレーズであるI'm fine thank you（私は元気です。どうも）と、I'm pine thank you（私はパイン＝松の木です。どうも）が発音上はどちらも**아임 파인 땡큐**のように、同じになってしまうわけです。

　피프스 (fifth) などを聞くと最初はどうしても抵抗があると思いますがこれはもうたくさん発音して慣れてしまうしかありません。ただしあまり度が過ぎると、今度は日本語で「プランス料理」などの言葉が口をついて出てきてしまう副作用があるのでくれぐれもご用心！　また、中には**화이팅**!（ガンバレ！）のように、「F」にも関わらず ㅎ で表記されることもありますが、これはあくまでも例外なのでその都度覚えた方が効率が良いでしょう。

　韓国語式外来語の子音に関しては、もう一つ注意すべき大事なポイントがあります。それは「R」と「L」の区別です。日本語ネイティブが英語を勉強する時に頭を悩ますポイントですよね。韓国語の場合もこれらの文字が語頭にくる時はいずれも**ㄹ**で表記し区別しません。

right → **라이트**
light → **라이트**

　しかし例えばcolorのハングル表記を見ると、**컬러**と**ㄹ**が連続する発音になっています。実は韓国語の場合、語中の「L」は**ㄹㄹ**と表記されるのです。日本語ではどちらも「グラス」となってしまうgrass（草）とglass（ガラス）も、韓国語の発音は異なります。**ㄹ**の数だけでなく母音も違うことに注意です。

grass　→ **그래스**
glass　→ **글라스**

　ただし、「L」の直後に子音が来る場合はこの現象は起きません。

belt → **벨트**
salmonella → **살모넬라**

　だんだんこのスタイルに慣れてくると思わぬ特典が付いてきます。それは、日本語では分からなかった「R」と「L」という使い分けができるようになるということです。例えば、「シンデレラ」を英語で表記しようとしても、「R」なのか「L」なのか戸惑ってしまいますが、韓国語の**신데렐라**という音を知っていれば、「最初はRで次はLだろうな」ということが推察できてしまうわけです（正解は「Cinderella」）！
　ㄹㄹの発音に関しては、「流音化」を復習してみてくださいね（P.102）。

① 크리에이터　드림　　　프로젝트
② 샐러드　　　블로그　　캘린더
③ 칼로리　　　블루베리　캐롤라인

〈日本語訳〉①クリエイター、ドリーム、プロジェクト　②サラダ、ブログ、カレンダー
③カロリー、ブルーベリー、キャロライン

③ パッチム

　韓国語の外来語表記で使われるパッチムはㄱ、ㄴ、ㄹ、ㅁ、ㅂ、ㅅ、ㅇ
の七つだけです。まず、下の表を見てください。

発音	日本語	ハングル（長母音の時）		ハングル（短母音の時）	
K	ク	ㅋ	마크 (マーク)	ㄱパッチム	맥 (マック)
G	グ	ㄱ	리그 (リーグ)	ㄱ	허그 (ハグ)
S	ス	ㅅ	무스 (ムース)	ㅅ	버스 (バス)
TH			노스 (ノース)		배스 (バス、風呂)
Z	ズ	ㅈ	치즈 (チーズ)	ㅈ	비즈 (ビズ)
SH	シュ			시(쉬)	피쉬 (フィッシュ)
T	ト	ㅌ	데이트 (デート)	ㅅパッチム	햇 (ハット)

134

D	ド	⊏	카드 (カード)	⊏	헤드 (ヘッド)
F	フ	ㅍ	스카프 (スカーフ)	ㅍ	이프 (イフ)
P	プ		로프 (ロープ)	ㅂパッチム	팝 (ポップ)
B	ブ	ㅂ	허브 (ハーブ)	ㅂ	해브 (ハブ)
V			무브 (ムーブ)		러브 (ラブ)
M	ム	ㅁパッチム	룸 (ルーム)	ㅁパッチム	컴 (カム)
L	ル	ㄹパッチム	룰 (ルール)	ㄹパッチム	힐 (ヒル)
N	ン	ㄴパッチム	머신 (マシーン)	ㄴパッチム	핀 (ピン)
NG	ング			ㅇパッチム	킹 (キング)

　基本的に韓国語は音の長短の区別をしないのですが、外来語に関しては、その前の音が英語でもともと短母音なのか長母音なのかによってパッチムを書くかどうかが変わってきます。ㄱパッチム、ㅅパッチム、ㅂパッチムは前が短母音の場合に限って現れます。これらは日本語の表記が「ック」「ット」「ップ」となることが多いので一つの目安にできます。ただし中には**아웃** (アウト) のような例もあります。ㅅはパッチムになった時は[ㄷ]で発音されるということ (P.055) は覚えていますよね？　また、これらのパッチムは他の韓国語の単語同様、後ろに母音が来た場合には連音化します。特に**아웃이다** (アウトだ) などㅅパッチムのものは、日本語ネイティブの連想する音とはかなりかけ離れてしまうので注意が必要です。

①맥　　　　　닉　　　　올림픽

②로켓　　　　초콜릿　　　슈퍼마켓

③케이팝　　　앱　　　　　머그컵

④맥은　　　　닉을　　　　올림픽이다

⑤로켓이다　　초콜릿을　　슈퍼마켓은

⑥케이팝을　　앱은　　　　머그컵이

〈日本語訳〉①マック、ニック、オリンピック　②ロケット、チョコレート、スーパー③K-POP、アプリ、マグカップ　④マックは、ニックを、オリンピックだ　⑤ロケットだ、チョコレートを、スーパーは　⑥K-POPを、アプリは、マグカップが

　もう一つ、外来語のパッチムで気を付けたいのがㄴとㅇです。この二つのパッチムの発音についてはすでに詳しく述べましたが (P.068)、外来語でもしっかり区別されています。もっとも外来語の場合日本語でも「ーン」「ーング」で分けられているので、どちらで発音すればいいのか、あまり迷うことはないかもしれません。特に注意すべきなのは日本語で「ーング」と表記されるㅇパッチムです。例えば「キング」は킹、「ヤング」は영、「ギャング」は갱のように一音にキュッと集約されてしまうので、ちょっとリズム感覚が狂います。以前、韓国で더 킹という映画が公開されたのですが、パッと見て何のことだか分かりますか？　そう、「ザ・キング(The King)」です。日本語で6文字の「キングコング」などは킹콩とわずか2文字です。

　また잉크 (インク) などのように、直後にㄱ、ㅋが来るときは文字が「N」であってもㅇパッチムになります。ただこれは「うしろ部」同士の作用で、発音するときには自然にそうなるので書く時に気を付ければいいことです。

発音してみよう 42　TR48

①선　퀸　　머신　슈퍼맨　번아웃
②킹　팝송　영맨　홍콩　　뱅크　트레이닝

〈日本語訳〉①サン、クイーン、マシーン、スーパーマン、バーンアウト　②キング、ポップソング、ヤングマン、ホンコン、バンク、トレーニング

　外来語表記法の原則と実際使われている発音にズレがあることもあります。代表的な例として「G」「D」「B」の音で終わる単語は、先ほどの表を見るとそれぞれ그、드、브のように으の母音を付けた状態で表記することになっていますが、例えばBobという人名が**바브**ではなく**밥**と発音されたり、bulldog（ブルドッグ）が**불도그**ではなく**불독**と発音されたりします。

④　発音変化

　아웃이（アウトが）が連音化して[**아우시**]になる現象についてはすでに述べました。では、**아웃렛 몰**（アウトレットモール）はどのように発音するのでしょうか？　正解は[**아울렌몰**]です。その仕組みをイラストで確認してみましょう。

パッチムの発音は[ㄷ]なので아웃렛の発音は…

鼻音化！

まず、ㄹㄷに音化を起こしてここにㄴㄷにします

俺色に染まれ

そしてその直後に流音化が起こってㄴㄹがにㄹㄹに変わります

鼻音化！

さらに後ろに控えていたㅁが鼻音化を起こします

　このように、第6課で述べた発音変化は外来語でも同様に起こります。そもそもの外来語の発音が日本語とかけ離れている上に発音変化まで起きると、一発で聞き取るのはほぼ不可能。焦らず少しずつ耳と舌を慣らしていきましょう。

発音してみよう 43　TR49

① **아웃렛**　　　코코넛라떼　　햄릿
② **로맨틱하다**　핫하다　　　　케이팝하고
③ **록만**　　　　초콜릿만　　　앱만

〈日本語訳〉①アウトレット、ココナッツラテ、ハムレット　②ロマンチックだ、ホットだ、K-POPと　③ロックだけ、チョコレートだけ、アプリだけ

日本語は音の長短が意味を区別する上で非常に大きな役割を果たしています。そのため日本語ネイティブは音の長短に非常に敏感で、外来語の表記でも長音記号（ー）を使って長短を区別します。その習慣から、「チーズバーガー」と韓国語で言うときにもついつい「**치-즈버-거-**」と音を伸ばして発音してしまいがちなのですが、「ネイティブっぽさ」を目指すのであれば長音はバッサリと切り捨てて「チズバガ」のつもりで**치즈버거**と発音しましょう。同様に「モーターボート」は「モタボト」のつもりで**모터보트**です。日本語ネイティブの感覚としてはなんとも締まらない語感に思えて、なかなか心理的な抵抗があると思いますが、ここを乗り越えればぐんと「ネイティブっぽさ」がアップします。ただし「エー」に関しては**에이**となり、長音っぽくなります。例：**케이크**（ケーキ）、**데이트**（デート）

発展編

「ネイティブっぽい韓国語」

第1課　「～っぽさ」とは何か　142

第2課　アクセント　148

第3課　イントネーション　180

第4課　リズム　204

「〜っぽさ」とは何か

　入門編では、韓国語ネイティブに「聞き返されない」「間違えられない」ように「通じるための韓国語」を目指して勉強してきました。これでやっと確実に「新村」や「新川」に行けるようになり、一発で「ストロベリーラテ」が注文できるようになったとしましょう。「通じない」という発音上の大問題から晴れて解放されたと思ったのもつかの間、新たな問題が韓国語学習者の前に立ちはだかることになります。

　それは例えばこんな形で現れます。ソウルでタクシーに乗ったあなたは、ホテルのある明洞に帰るために運転手さんに**명동까지 가 주세요.**（明洞までお願いします。）と告げます。**네〜**という言葉とともに明洞に向けて走り出すタクシー。前回韓国に来た時は**명동**が全然聞き取ってもらえず「はあ？はあ？」と何度も聞き返されて怖かったけど、よしよし一発で通じた。私の韓国語発音もまんざらじゃなくなってきたってことか……と流れる景色を見ながら自信に浸っていた矢先。アジョッシの口からふとこんな言葉が……**손님 한국어 잘하시네요!**　これは「お客さん、韓国語うまいですねえ」という意味。うれしい！　韓国語褒められた！と喜んでいると、アジョッシの口から次の一言。**일본에서 오셨어요?**　……あれ、「日本から来たんですか？」って？　私そんなこと一言も言ってないのにどうして分かったんだろう？　よく考えてみれば「韓国語上手ですね」って言葉も韓国人には絶対に言わないよね……あれ？　あれ？とモヤモヤしているうちにタクシーは明洞に到着。韓国語が上達するにつれてこのような経験をする頻度が上がってきます。

　私たちも外国人がちょっと日本語を話していると思わず「日本語上手ですね！」と言ってしまいますよね。逆に皆さんが肉屋さんや八百屋さんで「いやあお客さん日本語うまいねえ！」と言われることはないと思います。そう、「〇〇語上手ですね！」という褒め言葉は結果的に「あなたが〇〇語のネイティブじゃないことはバッチリ分かるけどね」ということを意味してしまっ

ているのです。たとえ、それを言った本人は心から褒めているつもりであっても。

　韓国語の発音がだんだん上達して通じるようになってくると、今度は「ネイティブのように話したい！」、さらには「ネイティブに化けたい！」という気持ちが湧き起こってきます。私が行っていた発音セミナーは参加者のレベルごとに入門・初級者向けの「ビギナークラス」と中上級者向けの「経験者クラス」に分かれていたのですが、セミナー後に参加者アンケートを行ってみると、「韓国語の発音をどの程度上達させたいですか」という質問に対し、経験者クラスでは実に半数以上が「ネイティブのように話したい」という回答が返ってきました。もちろん、「自分はそこまでのレベルは目指していない。通じるだけで満足だ」という人もいると思いますし、それも確かに一理あるのですが、それだけの需要があるからには、やはりそれに応えるための指導も必要です。ということで、発展編では「韓国語上手ですね」ではなく「え、韓国人じゃないの？　え？　うそでしょ!?」と言われるような「ネイティブっぽい韓国語」を目指していきます。

さて、先ほどのタクシー運転手はなぜ「日本から来たんですか？」と当てることができたのでしょうか？　それは、**명동까지 가 주세요**という短いフレーズのどこかに「日本人っぽさ」を感じ取ったからに他なりません。では、皆さんもその運転手さんになったつもりで、次の3人のお客さんのうち「日本人っぽい」と思う人を選んでみてください。

 聴いてみよう7 　TR50

①**명동까지 가 주세요.** （韓国人風）
②**명동까지 가 주세요.** （日本人風）
③**명동까지 가 주세요.** （アメリカ人風）

　いかがですか？　②に「日本人っぽさ」を感じた人が多かったのではないでしょうか？　では、今度は日本語の文章の発音を聴いて「韓国人っぽい」と思うものを選んでください。

 聴いてみよう8 　TR51

①**皆さんこんにちは。お会いできて本当にうれしいです。** （日本人風）
②**皆さんこんにちは。お会いできて本当にうれしいです。** （韓国人風）

③**皆さんこんにちは。お会いできて本当に うれしいです。**（中国人風）

④**皆さんこんにちは。お会いできて本当に うれしいです。**（アメリカ人風）

　どうでしたか？　②を聴いた時、なんとなく「韓国人じゃないかな」と思ったのではないでしょうか？　加えて①は日本人、③は中国人、④は英語圏の人「っぽさ」を感じたのではないでしょうか？

　では今度は、次のうち「関西人っぽい」と思うものを選んでください。

 聴いてみよう9　TR52

①**まいど、おおきに。**
②**いつも、ありがとう。**

　文字だけを見ると①の方が明らかに「関西人っぽい」と思えますが、実際に音声を聴いてみると……②の方が「関西人っぽい」感じがしますよね？

　さて、私たちがある言葉を聴いて「日本人っぽい」とか「韓国人っぽい」とかあるいは「関西人っぽい」といった「っぽさ」を感じるポイントは大きく三つあります。それは「アクセント」「イントネーション」「リズム」です。たとえ一つひとつの発音は正確であっても、この三つがズレていると「外国人っぽい」感じになってしまいますし、逆に発音はそこまで明瞭でなくてもこの三

つのツボを押さえられていれば「ネイティブっぽい」感じになるのです。

　次は、「発音はあまり良くないけど日本人っぽい」例と、「発音は悪くないけど韓国人っぽい」例です。

 聴いてみよう10 (TR53)

①いやあ、今日は暑くもなく寒くもなく、
　本当にいい天気ですね。
②いやあ、今日は暑くもなく寒くもなく、
　本当にいい天気ですね。

　日本語ネイティブだからといって、誰もがアナウンサーのような正確な発音ができるわけではありません。それは韓国語ネイティブも同じことで、「発音の悪いネイティブ」だって山ほどいるのです。にもかかわらず彼らが「韓国語うまいですね！」と言われないのは、「アクセント」「イントネーション」「リズム」の三つの「ネイティブっぽい」ツボをしっかり押さえているからです。もちろん、一つひとつの発音を正確にすることも大事ですが（それを否定したら入門編は何だったのかという話になってしまいます笑）、それが難しかったとしても「発音の悪いネイティブ」を目指すことで「韓国語うまいね！」から解放されることになります。

日本の方言別、韓国語発音得意なこと苦手なこと

一言で「日本語」と言っても実にさまざまな方言があり、それぞれ特有の発音スタイルを持っています。その中には韓国語を発音する上で有利になりそうな点も、逆に気を付けなくてはいけない点もあります。私は北海道から沖縄まで韓国語発音セミナーを開催してきたのですが、そこで感じた、各地方の方言話者の得意な韓国語発音と苦手な韓国語発音を簡単にまとめてみました。該当する読者の方はぜひ参考にしてみてください。

「우」を「으」で発音しがち。

語尾のイントネーションが韓国語の「こぶしイントネーション」に似ている。（福井弁）

なぜか自然なソウルアクセント。

鹿児島弁の「くっ(釘)」「こっ(こと)」などの発音は「ㄱ」パッチムに通じる。

高い音(H)が続くアクセントが苦手。「リセット」が多い。「慶尚道の人？」とよく言われる。

「으」を「우」で発音しがち。

高い音(H)が続くアクセントが得意（関西弁の「飴」「酒」が応用できる）。パッチムが苦手。抑揚を付けすぎる傾向がある。「かっら〜」「えっら〜」の発音が流音化の「ㄹ」が続く発音に応用できる。

アクセント

① アクセントとは何か?

　一般にアクセントには幾つか種類がありますが、それらに共通しているのは「ある単語の中で音声的に目立っている部分」ということになります。例えば「バナナ」という単語を考えてみましょう。日本語では最初の「バ」の部分が他の部分より高い音で発音されることでひときわ目立ちます。このように音の高さを調整することでアクセントをつける言語のことを「高低アクセント言語」と言います。一方、英語の「banana」の場合は真ん中の「na」が強く発音されることで目立ちます。このように音の強さを調整することでアクセントをつける言語のことは「強弱アクセント言語」と言います。英語圏の人が日本語を話すとき、この強弱アクセントの癖が抜けていないと「わたぁしのぉ　なまぁえはぁ」のような、いかにも「英語圏の人っぽい」日本語に聞こえます。また、日本語ネイティブは英語を話す時も強弱ではなく高低アクセントの癖が出てしまうので「アイム　ファイン　サンキュー」のような、平べったい感じの「ジャパニーズイングリッシュ」になってしまいます。

　韓国語はこれらのうちで言うと「高低アクセント言語」に近い特徴を持っています。例えば、**일본 사람** (日本人)という単語の場合は「**본**」の部分が他の部分より高く発音され、ちょうど日本語で「な<u>がさ</u>き」と言った時のようなアクセントになります。もし、この「**본**」を強く発音すると、英語圏の人の韓国語っぽく聞こえます。韓国語のアクセントに音の高低が関わっているということは、同じようなアクセント体系を持つ日本語ネイティブにとっては非常に有利です。

　しかし、同じ「高低アクセント言語」であっても、日本語と韓国語のアクセントの間には一つ大きな違いがあります。それは、「アクセントが意味の区別に関係するかどうか」ということです。例えば「箸」「橋」「端」はいずれも平

仮名で書くと「はし」ですが、アクセントで区別されます。試しに次の音声を聴いて、意味の違いを考えてみてください。

 聴いてみよう 11　TR54

① **はしじゃなくて、はしです。**
② **はしじゃなくて、はしです。**
③ **はしじゃなくて、はしです。**

　どうですか？　正解は、①は「箸じゃなくて橋です」、②は「橋じゃなくて端です」、③は「端じゃなくて箸です」でした。標準語以外の方言を使ってらっしゃる方はちょっと迷われたかもしれませんね（ちなみに大阪や京都など関西で発音セミナーをすると、ここでかなり時間を使います笑）。

箸　はしです
最初の「は」にアクセントの滝（音が落ちるポイント）があります

橋　はしです
「し」の直後で落ちます

端　はしです
「です」の「で」の直後に落ちます

では、今度は韓国語で同じことをやってみましょう。**가지**という単語には、「枝」と「ナス」という二つの意味があります。次の音声を聴いて、意味の違いを考えてみてください。

 聴いてみよう12 　TR55

①**가지가 아니라 가지입니다.**
②**가지가 아니라 가지입니다.**

　さて、どうですか？　う～ん……無理ですね。絶対に無理です。同じ問題をネイティブに解いてもらっても……やはり無理です。韓国語では「枝じゃなくてナスです」と「ナスじゃなくて枝です」をアクセントで区別することがそもそも不可能なのです。

　日本語のようにアクセントが意味の区別に関係する言語の特徴は、「ある単語の中でアクセントがどこに来るかの規則がなく、一つ一つ覚えなくてはならない」ということです。この点においては日本語はむしろ英語と共通点を持っています。dessert（デザート）とdesert（砂漠）はアクセントの位置で区別されます。学生時代、violinとかorangeとか英単語を覚える際には、アクセントも一緒に一つひとつ覚えた記憶があるのではないでしょうか。
　一方、韓国語のようにアクセントが意味の区別に関係しない言語の場合は、一定のアクセントパターンが常に適用されることが多いです。このような言語は外国人の立場からアクセントを学ぼうとした場合、パターンさえマスターすればあらゆる場合に応用が効くので習得が比較的楽です。逆に韓国語ネイティブが日本語のアクセントを学ぼうとすると、それこそ気の遠くな

るような努力をしなくてはいけないということになります。ですから、もし皆さんの周りに日本語のアクセントがきれいな韓国語ネイティブがいれば、その人はとてもすごい努力をしてきたか、天性の音声的感覚の持ち主だということを覚えておいてください！

	日本語	英語	韓国語
音の高低でアクセントが決まる	○	×	○
音の強弱でアクセントが決まる	×	○	×
アクセントで単語の意味を区別する	○	○	×
常に一定のアクセントパターンを取る	×	×	○

　ただし、ここまで述べてきた韓国語のアクセントパターンはあくまでも「ソウル言葉」を基準としたものです。韓国語の方言の中には、日本語と同じようにアクセントで意味を区別するものもあります。その代表例が、釜山を中心とする慶尚道方言です。

　韓国語では数字の「2」とアルファベットの「e」がどちらも**이**となり区別がありませんが、慶尚道方言ではこの二つをアクセントで区別できます。以下の2とeを使用した4種類の例を見てみましょう。音の高さを表す波線は、慶尚道方言のうち釜山のものを示しています。

①$2^2$　**이의 이승**　（2の2乗）

②$2^e$　**이의 이승**　（2のe乗）

③e^2　**이의 이승**　（eの2乗）

④e^e　**이의 이승**　（eのe乗）

釜山弁では、これらをしっかり区別して発音します。この区別に関しては
ソウルっ子は完全にお手上げなのですが、同じような音声的特徴を持つ日
本語ネイティブの方にとっては逆にあまり難しくなかったりします。「慶尚道
の人が話す日本語はなぜか自然に聞こえる」という話には、実はしっかりと
した裏付けがあるのです。

② 韓国語（ソウル）アクセントの基本原則

　韓国語アクセント（ソウル・アクセント）には「一定のアクセントパターン
が常に適用される」と述べました。では、具体的にそれはどのようなアク
セントパターンなのでしょうか。
　結論から言うと、韓国語のアクセントは次の基本原則に基づいて発音
されます。

LからH、その後は緩やかに下がる

　では、詳しく見ていきましょう。「L」は「low」すなわち「低い音」、そし
て「H」は「high」すなわち「高い音」。つまり、音の高さを表します。ソウ
ルのアクセントは、「低い音でスタートし、その後高い音が来て、再び低く
なっていく」ということになります。
　では、**부산**（釜山）、**부산시**（釜山市）、**부산광역시**（釜山広域市）を例に
とってアクセントパターンを見てみましょう。

 聴いてみよう13　TR56

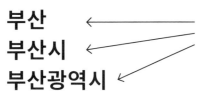

2音節目に大きなピークが来た後は、全体として緩やかに落ちていきます。

　ハングル一つで表される音のまとまりを音節といいます。**부산**は2音節なので「LH」、**부산시**は3音節なので「LHL」となり、いずれも2音節目にピークが来ます。実は**부산**などの2音節の単語は別のアクセントパターンを見せることもあるのですが、それについては後ほど詳しく述べますので、とりあえずは原則通り覚えてください。

　부산광역시は5音節なので「LHLLL」となり、2音節目にピークが来た後は緩やかに下がっていくのですが、人によっては偶数音節（この場合は4音節目）で再びかすかに高くなることもあります。基本的には、「3音節目からは緩やかに下降していく」と理解してください。このパターンは、文を細かく区切った文節ごとに現れます。文節というのは、**부산**、**부산시**などの単語の他、**부산에**（釜山に）のように助詞が付いたものも含みます。韓国語では**어절**（語節）と呼びます。

アクセストに注意して発音してみてください。

①오이　김밥　미국　영어　명동

②비빔밥　　　일본어　　　막걸리

　과장님　　　동대문

③전화번호　　여름방학　　김포공항

　고속버스　　와이파이

④종합운동장　자동판매기　중국어학습

　비즈니스맨　디즈니랜드

〈日本語訳〉①キュウリ、キンパ、アメリカ、英語、明洞　②ビビンバ、日本語、マッコリ、課長、東大門　③電話番号、夏休み、金浦空港、高速バス、ワイファイ　④総合運動場、自動販売機、中国語学習、ビジネスマン、ディズニーランド

③　強い子音（H型）と弱い子音（L型）

　韓国語アクセントの基本原則は分かってもらえたでしょうか？　単語ごとにアクセントの位置を一つひとつ覚えなくてはいけない日本語や英語に比べるととてもシンプルですよね。しかし、これで全てが解決したわけではありません。

　先ほども述べたように、**부산시**（釜山市）のアクセントは「LHL」です。では、**서울시**（ソウル市）はどうかというと……「LHL」ではなく、「HHL」というアクセントになります。つまり、最初から高い音で始まり、それが2音節

目まで続くというスタイルです。実は、基本原則には次のような「ただし」書きが付くのです。

LからH、その後は緩やかに下がる

（ただし、語頭が強い子音の場合は H で始まる）

「強い子音」という聞き慣れない言葉が出てきましたが、韓国語アクセントを教える際に私が便宜的に使っている用語です。以下が「弱い子音」と「強い子音」の分類です。

弱い子音	強い子音
ㄱㄴㄷㄹㅁㅂㅇㅈ	1. ㅅ 2. ㅊㅋㅌㅍㅎ 3. ㄲㄸㅃㅆㅉ

부산시の場合、最初の子音はㅂですので弱い子音、それに対し**서울시**の場合、最初の子音はㅅですので強い子音ということになります。同様に、**일본어**の場合はㅇ＝「弱い子音」、**한국어**の場合はㅎ＝「強い子音」ということになります。そのためアクセントのパターンに次のような差が生まれます。

 聴いてみよう14　TR58

弱い	強い		弱い	強い
부산시	**서울시**		**일본어**	**한국어**

このうち、日本語ネイティブが苦手とするのが強い子音で始まる単語のアクセント。なぜなら、日本語のアクセントには「LH」のパターンはあっても（例：「くち」）、語頭から高い音が二つ連続する「HH」のパターンがないため、どうしても高い音をキープすることが苦手で「HL」になってしまいがちなのです。

　ところが、日本語の方言の中でも「HH」パターンを持っているものがあります。それはずばり、関西弁。「雨や」と「飴や」を例に取って説明してみましょう。関西弁で「雨や」は**부산시**と同じ「LHL」に、「飴や」は**서울시**と同じ「HHL」で発音されます。「飴」「酒」「鼻」なども全て「HH」パターンですので、関西弁ネイティブはこれらを利用すると感覚をつかむのに非常に効果的です。

発音してみよう 45　TR59

① 비빔밥　　　감자탕　　　불고기
② 삼계탕　　　칼국수　　　떡볶이
③ 인천시민　　강남구민　　일본 사람
④ 서울시민　　서초구민　　한국 사람
⑤ 동대문구민　중국음식점　제주대학교
⑥ 서대문구민　한국음식점　홍익대학교

〈日本語訳〉①ビビンバ、カムジャタン、プルコギ　②サムゲタン、カルグクス、トッポッキ　③仁川市民、江南区民、日本人　④ソウル市民、瑞草区民、韓国人　⑤東大門区民、中国料理店、済州大学　⑥西大門区民、韓国料理店、弘益大学

④ 名詞のアクセント

　ではここからは1～5音節の名詞を例に、どのようなアクセントの形になるのかを具体的に見ていきます。まず、下の表を見てください。音節数が一つの単語のうち、弱い子音の**비** (雨) と強い子音の**피** (血) を見てみましょう。

　비は「L」、つまり低い音一つで発音します。それに対し**피**は、上から鋭く落ちるようなアクセントで発音されます。ちょうど英語の「P」を発音するような感じです。

　なお、ここで紹介するアクセントは、すぐ後ろに別の言葉が続く場合のものです。

 聴いてみよう 15　TR60

音節数		弱い子音	強い子音
1	～은/는 ～에는	비 비는 비에는	피 피는 피에는
2	～은/는 ～에는	부산 부산은 부산에는	서울 서울은 서울에는
3	～은/는 ～에는	부산시 부산시는 부산시에는	서울시 서울시는 서울시에는

4	～은/는 ～에는	부산시민 부산시민은 부산시민에는	서울시민 서울시민은 서울시민에는
5	～은/는 ～에는	부산광역시 부산광역시는 부산광역시에는	서울특별시 서울특별시는 서울특별시에는

　2音節の単語はどうなるでしょうか？　**부산** (釜山) は先ほども説明したとおり「LH」です。一方、**서울** (ソウル) は「HL」となります。アクセントの原則通りであれば、強い子音で始まるものは「HH」となるはずですが、2音節の場合は二つ目の音で急激に下がる形を取ります。これは日本語で「ロボ」と言う時のアクセントと同じです。

　3音節以上のものはアクセントの原則通りに発音されます。3音節の**부산시** (釜山市) は「LHL」、**서울시** (ソウル市) は「HHL」です。4音節の**부산시민** (釜山市民) は「LHLL」、**서울시민** (ソウル市民) は「HHLL」です。5音節の**부산광역시** (釜山広域市) は「LHLLL」、**서울특별시** (ソウル特別市) は「HHLLL」です。

　～**예요/이에요**、～**입니다**などの語尾が付いた場合は、その語尾まで含めて何音節かで判断してください。例えば**비예요** (雨です) は「弱い子音」かつ「3音節」なので「LHL」、**피입니다** (血です) は「強い子音」かつ「4音節」なので「HHLL」となります。語尾が付いて5音節以上になった場合も、語尾は全て「L」で発音します。**부산이에요** (釜山です) は「LHLLL」、**서울이에요** (ソウルです) は「HHLLL」です。

　では、これらの単語に～**은/는** (～は) や～**에는** (～には) のような助詞が付いたときのアクセントはどうなるでしょうか。ここで一つ大事なルールを覚えてください。それは「助詞の最後の音はH」ということです。

　例えば**비**に～**는**が付いて**비는** (雨は) となった場合を考えてみましょう。
弱い子音である**비**は「L」の属性を持っています。そこに一文字の助詞～**는**
が「H」として付きます。一文字の助詞はそれ自体が最初で最後の音なので
全て「H」になります。ということで、**비는**のアクセントは「LH」と発音され
ます。**내가** (私が) を「HL」で発音している日本語ネイティブをよく見掛け
ますが、これも「LH」と発音しないと「ネイティブっぽく」は聞こえません。
～**에는**、～**한테도**のように助詞が2音節以上のものは、最後の音だけが高
くなって「LH」「LLH」となります。例えば**부산시민에는** (釜山市民には) の
場合、**부산시민** (LHLL) に～**에는** (LH) が付いて「LHLLLH」となります。

　피 (血) 、**서울** (ソウル) など、1音節や2音節の強い子音で始まる名詞
に助詞が付いた場合、結果的に2音節であれば**피는** (HH) 、3音節であれ
ば**피에는** (HHH) 、**서울은** (HHH) のように高い音がキープされます。

発音してみよう46　[TR61]

① 입　입이에요　입이　입에서　　입에서는
② 코　코예요　　코가　코에서　　코에서는

159

③교실 교실이에요 교실이
교실에서 교실에서는
④학교 학교예요 학교가
학교에서 학교에서는
⑤지하철 지하철이에요 지하철이
지하철에서 지하철에서는
⑥찜질방 찜질방이에요 찜질방이
찜질방에서 찜질방에서는
⑦고속도로 고속도로예요 고속도로가
고속도로에서 고속도로에서는
⑧수학여행 수학여행이에요 수학여행이
수학여행에서 수학여행에서는
⑨남대문시장 남대문시장이에요 남대문시장이
남대문시장에서 남대문시장에서는
⑩케이티엑스 케이티엑스예요 케이티엑스가
케이티엑스에서 케이티엑스에서는

〈日本語訳〉①口　②鼻　③教室　④学校　⑤地下鉄　⑥チムジルバン　⑦高速道路
⑧修学旅行　⑨南大門市場　⑩KTX

5) 動詞・形容詞のアクセント

　では続いて動詞や形容詞のアクセントがどのようになるのかを見てみましょう。まず、表を見てください。

 聴いてみよう 16 TR62

音節数	弱い子音	強い子音
1	가	사
2	가요	사요
3	갔어요	샀어요 (샀어요)
4	가겠어요	사겠어요
5	가시겠어요	사시겠어요

　韓国語の動詞・形容詞はさまざまな語尾が追加されることで意味を拡張していく (どんどん長くなる) 特徴がありますが、アクセントは基本的に名詞の時と同様に、子音のタイプ (強弱) と音節数でアクセントパターンが決定されます。例えば**먹었어요** (食べました) の場合は「弱い子音」かつ「4音節」なので「LHLL」、**시켜요** (させます) の場合は「強い子音」かつ「3音節」なので「HHL」という具合です。「強い子音」かつ「3音節」の場合、「HLL」で発音する韓国語ネイティブもいます。

　5音節以上になると、名詞の時と異なる点もあります。それは、二つ目以降のピークが現れないということ。例えば5音節名詞の**부산광역시** (釜山広域市) の場合、人によっては「LHLHL」となって**산**と**역**の部分にピークが現れることがありますが、同じく5音節の動詞の**가시겠어요**では常に「LHLLL」となり、ピークが二つ現れることはありません。

名詞の場合

부산광역시

動詞・形容詞の場合

가시겠어요

名詞の場合、
5音節以上の
単語ではわずかに
二つ目のピークが
現れますが、
動詞・形容詞では
どんなに長くなっても
ピークは一つだけです。

発音してみよう 47　TR63

①**봐**　　**봐요**　　**봤어요**　　**보겠어요**　**보시겠어요**
②**먹어**　**먹어요**　**먹었어요**　**먹었겠어요**
③**해**　　**해요**　　**했어요**　　**하셨어요**　**하시겠어요**
④**시켜**　**시켜요**　**시켰어요**　**시켰겠어요**

　韓国語は分かち書きをしますが、アクセントに関してはあくまでも「意味上の固まり」が基準となりますので、**안 먹어요**、**못 했어요**などは**안**、**못**で始まる一固まりとして考えます。**안**、**못**のいずれも「弱い子音」ですので、「弱い子音」かつ「4音節」でアクセントは「LHLL」となります。

　また、**-고 있다**や**-아/어 버리다**、**-아/어 주다**、**-아/어 보다**、**-아/어 두다**などの補助用言も、表記上は分かち書きをすることが多いですが、発音上はそれが付いた状態で一固まりとして判断します。例えば**먹어 버리다**の場合は**먹어** (LH) ＋**버리다** (LHL) ではなく「弱い子音」かつ「5音節」と考えて「LHLLL」というアクセントになります。

発音してみよう48 TR64

① **봐요** 　　안 봐요 　　안 봤어요 　　안 보겠어요

② **먹어요** 　安 먹어요 　안 먹었어요 　안 먹겠어요

③ **해요** 　　안 해요 　　안 했어요 　　안 하겠어요

④ **시켜요** 　안 시켜요 　안 시켰어요 　안 시키겠어요

⑤ **봐 줘요** 　봐 봐요 　　봐 버려요 　　보고 있어요

⑥ **먹어 줘요** 먹어 봐요 　먹어 버려요 　먹고 있어요

⑦ **해 줘요** 　해 봐요 　　해 버려요 　　하고 있어요

⑧ **시켜 줘요** 시켜 봐요 　시켜 버려요 　시키고 있어요

　日本語ネイティブの韓国語を聴いていると、**저는** (私は) の**저**の部分、**명동에서** (明洞で) の**명**の部分を高く発音している人がとても多いことに気付きます。これは日本語ネイティブの外来語アクセントの癖がそのまま出たもので、一瞬で「日本人っぽい！」と思われる原因になります。ではまず、日本式の外来語アクセントパターンとはどのようなものなのか、見てみましょう。

 考えてみよう 4

次の外来語はどのようなアクセントで発音されますか？　そしてそこにはどのようなルールがあるでしょうか？

①**バナナ**

②**ホテル**

③**オレンジ**

④**アパート**

⑤**キャンパス**

⑥**スーパー**

⑦**ドア**

　上の七つはそれぞれ、「バナナ」「ホテル」「オレンジ」「アパート」「キャンパス」「スーパー」「ドア」の赤字になっている部分の直後にアクセントの滝（音が落ちるところ）があります。つまり、赤字になっている部分が高いということです。これらをよーく観察していくと、次の三つの傾向が浮かび上がってきます。

①後ろから三つ目のカタカナの直後にアクセントの滝が来る（キャ・
　シュなどは一音と見る）
②後ろから三つ目のカタカナが「ン、ッ」の場合はアクセントの滝が前
　に一つずれる
③カタカナが二つのものは真ん中にアクセントの滝が来る

　もちろんこれらのルールが全ての外来語に当てはまるわけではありませ
ん（例：アメリカ）が、それでもかなり広く通用すると言っても過言では
ないでしょう。では、次の言葉をこのルールに当てはめて発音するとどう
なるでしょうか？

 考えてみよう5

次のカタカナはどのようなアクセントで発音されますか？

①**チョンノ**
②**ミョンドン**
③**ホンデ**
④**サムゲタン**
⑤**ポッサム**
⑥**チョヌン**
⑦**バッソヨ**

　いかがですか？　「チョンノ」「ミョンドン」「ホンデ」「サムゲタン」「ポッサム」「チョヌン」「パッソヨ」の太字の直後にアクセントの滝が来る言い方が最もしっくり来るのではないでしょうか？　これはまさに先ほど言った「日本式外来語アクセントパターン」をそっくりそのまま当てはめた結果と一致します。つまり、**저는**の**저**や**명동**の**명**が高くなってしまうのは、頭の中にカタカナの「チョヌン」「ミョンドン」がある証拠です。カタカナではなく、あくまでもハングルを基準としたアクセントを意識することが、「ネイティブっぽさ」を追求するためには必要不可欠なのです。

　「**저는** やまだひろし**입니다**. よこはま**에서 왔습니다**.」のように韓国語で自己紹介をするときに、名前や地名が日本語アクセントになってしまっている人も非常に多いです。もちろん「やまだひろし」にも「よこはま」にも日本語オリジナルの発音があるので、気持ちは分かるのですが、韓国語の中でその部分だけが妙に異質で、結果的に韓国語ネイティブには聞き取

りにくくなってしまいます。アメリカ人が流暢な日本語で「皆さん初めまして。私の名前はRobert Williamsです。AmericaのSouth Carolinaから来ました。Tokyo Convention Centerで働いています」と話すのを想像してみてください。確かにそれがオリジナルの発音であることは分かるけれど、え？　え？となりますよね？　それよりは「皆さん初めまして。私の名前はロバート・ウィリアムズです。アメリカのサウスカロライナから来ました。東京コンベンションセンターで働いています」と言ってくれた方が「おお、頑張ってくれてるなあ」と好感度が上がるのではないでしょうか。「やまだひろし」「よこはま」と言いたい気持ちはもっともなのですが、韓国語で話す時はあくまでも**야** **다** 히로**시** (LHL HHL)、**요코하마** (LHLL) の発音で言った方が聞き取ってもらいやすくなりますし、印象もいいです。

発音してみよう 49 [TR65]

次の言葉をアクセントに注意して発音してみましょう。

① **도쿄　나리타　오사카　요코하마　미나미우라와**
② **효고　하네다　하코네　후쿠오카　사쿠라기초**
③ **가부키　기모노　　유카타　사무라이**
④ **야마다　나카무라　사이토　이나가와**

⑦ 하다のアクセント

　動詞・形容詞には「○○**하다**」の形を取るものがたくさんありますが、この場合のアクセントは「○○」と「**하다**」をどれだけ「ひとまとまり」と見ているかによって2通りのパターンがあります。例えば「昨日何した?」と聞かれて**공부했어요**. (勉強しました。) と答える場合は、それ自体が一固まりとなるので「弱い子音」かつ「5音節」で「LHLLL」となります。それに対し、「昨日本当に勉強したの?」と言われて「え?　ちゃんとしたよ!」と答える場合は、**공부**と**했어요**の間にアクセントのリセットが入ります。

　このように後半部分を強調する場合、前半部分はその音節数に関係なく、弱い子音の単語は「LLL…」、強い子音の単語は「HHH…」と音の高さがキープされることが多いです。その結果、**공부했어요**は공부 (LL) +**했어요** (HHL) という形になります。同様に**숙제했어요** (宿題しました) は、一固まりで発音するなら「HHLLL」、後半を強調するなら**숙제** (HH) +**했어요** (HHL) です。

普通に言うとき

공부했어요

숙제했어요

強調したいとき

공부했어요

숙제했어요

普段のH
より
やや高く

조용해요
불편해요
친절해요
깨끗해요

「하다」の付く形容詞は
それ自体がひとまとまり
なので、原則どおりの
アクセントパターンに

発音してみよう 50 TR66

①A：어제 뭐 했어요?

　B：전화했어요.

②A：빨리 전화하세요.

　B：전화했어요!

③A：어제 뭐 했어요?

　B：청소했어요.

④A：진짜 청소했어요?

　B：청소했어요!

　他にも、このように後ろを強調するためにいったんリセットが起こり、前の部分のアクセントの高さがキープされる現象がよく起こるものとしては-**지 않다**（〜しない）、-**지 못하다**（〜できない）、-**지 말다**（〜をやめる）、-**기 싫다**（〜したくない）、-**기 쉽다/어렵다**（〜しやすい／しにくい）などが代表的です。

聴いてみよう 17 TR67

	後ろの部分を強調しないとき	後ろの部分を強調するとき
-지 않다	가지 않아요 사지 않아요	가지 않아요 사지 않아요

-지 못하다	가지 못해요 사지 못해요	가지 못해요 사지 못해요
-지 말다	가지 말아요 사지 말아요	가지 말아요 사지 말아요
-기 싫다	가기 싫어요 사기 싫어요	가기 싫어요 사기 싫어요
-기 쉽다	가기 쉬워요 사기 쉬워요	가기 쉬워요 사기 쉬워요
-기 어렵다	가기 어려워요 사기 어려워요	가기 어려워요 사기 어려워요

발음してみよう 51 (TR68)

リセットが起こっていない例と、強調してリセットが起こっている例を、
それぞれ発音し分けてみましょう。

①이거 먹지 않아도 돼요.

　저는 이런 것 먹지 않아요. (リセットあり)

②이거 쓰지 않아도 돼요.

　저는 이런 것 쓰지 않아요. (リセットあり)

③먹지 못해서 그냥 왔어요.

먹고 싶어도 먹지 못해요. (リセットあり)

④쓰지 못해서 그냥 왔어요.

쓰고 싶어도 쓰지 못해요. (リセットあり)

⑤이거 먹지 말아요?

그래요, 그런 거 먹지 말아요. (リセットあり)

⑥이거 쓰지 말아요?

그래요, 그런 거 쓰지 말아요. (リセットあり)

⑦먹기 싫어도 먹어요.

아니, 정말 먹기 싫어요. (リセットあり)

⑧쓰기 싫어도 써요.

아니, 정말 쓰기 싫어요. (リセットあり)

⑨이거 정말 먹기 쉬워요.

아니에요. 먹기 어려워요. (リセットあり)

⑩이거 정말 쓰기 쉬워요.

아니에요. 쓰기 어려워요. (リセットあり)

　ここまでは、主に単語レベル・文節レベルのアクセントについて述べてきました。ここからはもう少し範囲を広げて、文章の中でこれらのアクセントがどのような振る舞いをするのかを見ていきたいと思います。

　韓国語には、文節ごとに音が少しずつ下がっていくという特徴があります。**내일 명동에서 쇼핑해요.** (明日明洞でショッピングします。) という文を例に見てみましょう。まず、①**내일**　②**명동에서**　③**쇼핑해요**のように文節ごとに番号を振ります。そして、それぞれの文節のうちLの音に該当するものを基準点とします。①<u>내</u>일　②명<u>동</u>에서　③쇼핑<u>해요</u>のように、下線を引いた部分が基準です。文章をつなげて発音した時、①の基準点より②の基準点は低く、②の基準点より③の基準点は低く発音されます。

 聴いてみよう18　TR69

내일 명동에서 쇼핑해요.

저는 일본에서 온 야마다라고 합니다.

저는 학교에서 한국어를 공부하고 있어요.

発音してみよう52 [TR70]

① **여러분 처음 뵙겠습니다.** （皆さん初めまして。）

② **저는 일본에서 온 히가시라고 합니다.**
（私は日本から来た東といいます。）

③ **지금 어학당에서 한국어를 공부하고 있어요.**
（今語学堂で韓国語を勉強しています。）

④ **여러분과 친하게 지내고 싶습니다.**
（皆さんと仲良くなりたいです。）

⑤ **만나서 정말 반갑습니다.**
（お会いできて本当にうれしいです。）

　このように音が徐々に下がっていく現象は韓国語ネイティブが日本語を話す時にも起こり、私たちが「韓国人っぽい日本語だ！」と感じる一因になっています。例えば「よろしくお願いします」とあいさつをする時、日本語ネイティブは最後まで音を高い状態でキープするのですが、韓国語ネイティブは母国語での癖が出てしまって文節ごとにだんだん音が下がってしまいます。韓国語ネイティブにとっては高い音をキープしたまま話すのはなかなか至難の業なのです。また、「よろしく」「おねがい」「します」もそれぞれ**よろしく**（LHLL）、**오네가이**（LHLL）、**시마스**（HHL）のように韓国語アクセントの原則通りに発音されることが多いです。このように普段から慣れ親しんだアクセントの癖を矯正するのは、どの言語話者にとっても一朝一夕にはいかないものなのです。

　「あの家には賢い兄と弟が住んでいます」という文章を見て、どんな様子を想像しますか？　この文章が示す事実には二つの可能性があります。まず、ある家に「賢い兄と弟」が住んでいるという場合、そしてもう一つは「賢い兄」と「弟」が住んでいるという場合。文の構造が日本語と似ている韓国語でも同じような現象が起こります。**저 집에는 똑똑한 형과 동생이 살고 있어요.**（あの家には賢い兄と弟が住んでいます。）と言った場合、賢いのは兄と弟の二人なのか、それとも兄だけが賢くて弟はそうではないのか、判別できなくなるのです。しかし、文字の上では区別できないこのようなケースも、発音上では区別することができます。

　文章単位の発音では、文節ごとに徐々に音が下がっていくことはすでに述べました。しかし、文章の中で意味が途切れる場合はそこに「リセット」が起こります。上の例で言うと、兄だけが賢い場合にリセットが起こります。

これは、兄と弟を意味の上で切り離す必要があるためです。

　実際に音声を聴いてみましょう。先ほどの例文に加え、**맛있는 떡볶이와 김밥을 먹었어요.**（おいしいトッポッキとキンパを食べました。）という例文も使います。

 聴いてみよう19　TR71

①
兄も弟も両方賢い場合。

저 집에는 똑똑한 형과 동생이 살고 있어요.

兄だけが賢い場合。

저 집에는 똑똑한 형과 동생이 살고 있어요.

②
トッポッキもキンパも両方おいしい場合。

맛있는 떡볶이와 김밥을 먹었어요.

トッポッキだけがおいしい場合。

맛있는 떡볶이와 김밥을 먹었어요.

リセットを起こす最も簡単な方法は、「一瞬休む」ことです。そうすることでアクセントの高さが元の基準点に自動的に戻されます。ただ、日本語ネイティブは文節ごとにリセットを入れ過ぎる傾向があるので、むしろリセットをしない場合の方が難易度は高いです。発音自体はゆっくりで構いませんので文末まで息継ぎをせずにスムーズに音を下げ続ける練習をしてください。まずは次のように日本語で練習するのも効果があります。

 聴いてみよう20 (TR72)

息継ぎをせずに最後まで言うとどうなるか、聴いてみましょう。

あの家には賢い兄と弟が住んでいます。
おいしいトッポッキとキンパを食べました。

内가 사랑하는 도시에 사는 여자 (僕が愛する街に暮らす女) を次の二つの絵に合うように発音してみましょう。

時代によって変化する
アクセント・イントネーション

　以前、韓国のインターネット上で「ソウルアクセントの変遷」という動画がちょっとした話題になっていました。70年代から現代までのソウル (首都圏) の一般市民に対するインタビューをまとめたものだったのですが、「今のアクセントと全然違う!」と驚いた韓国語ネイティブが多かったようです。単語を区別する上でアクセントがさほど重要でない韓国語には、アクセントの規範がなく、時代によって変化が起きやすくなっています。**어제 학교에서 도시락을 잃어버렸는데** (昨日学校でお弁当をなくしちゃったんだけど) を例に、年代ごとにどのようなアクセント上の傾向があるか見てみましょう。

Aタイプ：中高年層によくあるタイプで、いわゆる伝統的なソウル方言とも言える。全体的に低めの音が平坦に続き、語尾だけが高く発音される傾向がある。激音や濃音などの「強い子音」で始まる単語もあまり高く発音されない。

Bタイプ：60〜70年代生まれの中年層によく見られる。「弱い子音」はLHHH、「強い子音」はHHHHと高めの音が続く特徴がある。男性ニュースキャスターなどもこのアクセントで話す人が多い。

Cタイプ：80年代以降生まれの若い世代に見られるタイプ。A、Bに比べて音の上がり下がりが頻繁なのが特徴。若い層ほど助詞をLで発音したり (例：**거북이를**→LHLL)、本来「弱い子音」である**일**で始まる単語をHで発音したり (例：**일본어**→HHL) する傾向がある。また、急激に音が下がる念押しイントネーションを語末に多用する。

この本では「どの世代の人が聴いても違和感を感じさせないアクセント」を念頭に置き、BタイプとCタイプの折衷案となっています。

 A:어제 학교에서 도시락을 잃어버렸는데

 B:어제 학교에서 도시락을 잃어버렸는데

 C:어제 학교에서 도시락을 잃어버렸는데

1 イントネーションとは何か？

　突然ですが、皆さんはアクセントとイントネーションの違いが分かりますか？　「関西弁のアクセント」とか「鹿児島弁のイントネーション」とか日常生活の中ではよく混同されていますが、実はちゃんとした違いがあります。例えば「バナナ」という単語の発音を考えてみましょう。日本語の場合「バ」が高く、「ナナ」は低く発音されます。これはアクセントです。アクセントは主に単語などの小さな意味の固まりごとに付いています。では、続いて次の四つの「バナナ」を聴いてみてどのような違いがあるか考えてみましょう。

 聴いてみよう21　TR74

①バナナ。
②バナナ？
③バナナ！
④バナナ。

　いかがですか？　全然違う印象を受けますよね。まず知っておかないといけないことは、この例はバナナという単語の発音ではなく、一つの文の発音だということです。①は「これ何？」と聞かれて「バナナだよ」と答えるとき、②は「え、本当にバナナなの？」と尋ねるとき、③は「バナナだってば！」と念を押すとき、④は「そうかバナナか」と納得するときの言い方です。この四

つはいずれも「バナナ」という基本的なアクセントは同じですが、イントネーションが異なるわけです。

　この四つを使って、次のような会話を作ることも可能です。

 聴いてみよう22　TR75

A：これ何？
B：バナナ。
A：バナナ？
B：バナナ！
A：ああ、バナナ。

　続いてイントネーションの異なる二つの「すみません」を聴いてください。どちらの方がより「申し訳なさそう」に聞こえますか？

 聴いてみよう23 [TR76]

①**すみません。**
②**すみません。**

　②の方が誠心誠意謝っているなあと感じる人が多いと思います。①は強い語調で言い切ってしまっているのが、逆ギレみたいに感じて気分を悪くする人もいるかもしれません。実は①は、韓国語ネイティブが日本語で謝るときによくやるイントネーションなのです。韓国語では**죄송합니다.** (すみません。)をはっきりと言い切るように発音することで、自分の誠意を相手に伝えます。しかし、それを日本語でそのままやってしまうと、逆に「なんだ失礼な！」と誤解されてしまう恐れもあるのです。

　このようにイントネーションは文章全体にかかって、どのような気持ちでその発言がなされたかという印象を決定づけます。そして、イントネーションの形は言語ごとに違いがあり、間違ったイントネーションを使うと、間違った感情を相手に伝えてしまい時に深刻な誤解を引き起こすこともあります。なお、第2課の8・9 (P.172、P.174) も文章全体についての話なので、イントネーション寄りの内容なのですが、アクセントの原則を習得したついでに学んだ方が効率がよいと判断し、先に説明しています。

　つまり、韓国語で正しい気持ちを伝えるためには韓国語のイントネーションの習得が欠かせないということになります。そこで、まず韓国語で特によく使われる「平常・疑問・納得・こぶし」の四つのイントネーションパターンについて説明します。

② 平常イントネーション

　平常イントネーションは全ての基本となるイントネーションです。**이게 뭐예요?** (これ何ですか?) と聞かれて**바나나예요.** (バナナですよ。) と答えるときなど、特に感情を込めずに淡々と発言する際に使われます。

　平常イントネーションは、第2課で紹介したアクセントパターン (P.157-P.158、P.161) と基本的に同じ波形を描きます。

 聴いてみよう24 〔TR77〕

音節数	弱い子音	強い子音
1	비.	사.
2	가요.	피야.
3	나예요.	했어요. (했어요.)
4	바다예요.	학교예요.
5	부산입니다.	쓰러졌어요.

 発音してみよう54 〔TR78〕

①A : **이게 뭐야?** (これ、何?)

　B : **돈.** (お金。) **/ 똥.** (うんち。)

②A : **이게 뭐야?** (これ、何?)

　B : **나야.** (私だよ。) **/ 코야.** (鼻だよ。)

③A : **이게 뭐예요?** (これ、何ですか?)

B : 나예요. (私です。) / 코예요. (鼻です。)

④A : 이게 뭐예요? (これ、何ですか?)

B : 돈이에요. (お金です。) / 똥이에요. (うんちです。)

⑤A : 이게 뭐예요? (これ、何ですか?)

B : 바나나예요. (バナナです。) /

산딸기예요. (山いちごです。)

(3) 疑問イントネーション

疑問イントネーションは相手に何かを尋ねたり聞き返したりする時に使われるイントネーションです。まずは下の表で音節ごとのパターンを確認してみましょう。

 聴いてみよう25 [TR79]

音節数	弱い子音	強い子音
1	비?	사?
2	가요?	피야?
3	나예요?	했어요? (했어요?)
4	바다예요?	학교예요?
5	부산입니까?	쓰러졌어요?

　「ほんと？」「Really?」など、尋ねる時に最後の音が上がり気味になるのは日本語や英語など多くの言語で見られる現象です。韓国語も例外ではありません。疑問イントネーションでは最後の音節が「H」になって高く発音されます。同じ**해요**? (しますか？) でも、緩やかに上げると優しく尋ねる感じに、素早く急激に上げるとびっくりしたような感じになるなど、さまざまな細かいバリエーションが存在しますが、まずは最後の音を上げる感覚に慣れる練習をしてください。特に、強い子音のもので3音節以下のものは**사**? (H↑)、**서울**? (HH↑)、**했어요**? (HHH↑) となり、もともとのHよりさらに高く上げなくてはいけないので結構大変です。

　また、**부산대학교**? (釜山大学？) のように奇数音節の名詞の場合、「LHLHH↑」ではなく、「LHLLH↑」となります。直前の音の高さを抑制することで、語末の音の跳ね上がり効果を高めるためです。

 聴いてみよう 26　TR80

① **부산대학교**　　　4音節目に小さく二つ目のピークがあります。

② **부산대학교?**　　最後の音節の跳ね上がりを強調するため、その前の音は低く抑えます。

 発音してみよう 55　TR81

① A : **이건 돈이에요.** (これはお金です。)

　 B : **돈?** (お金？)

② A : **이건 콜라예요.** (これはコーラです。)

　 B : **콜라?** (コーラ？)

③ A : 이건 한국어예요. (これは韓国語です。)

　　B : 한국어? (韓国語?)

④ A : 제 애인 사진이에요. (私の恋人の写真です。)

　　B : 아, 한국인이에요? (あ、韓国人ですか?)

　疑問文には**뭐**（何）、**누구**（誰）などの疑問詞が使われるものがあります。
では、疑問詞が付いたときのアクセントを確認してみましょう。

 聴いてみよう27 TR82

	弱い子音	強い子音
뭐	뭐 먹었어요?	뭐 시켰어요?
왜	왜 마셨어요?	왜 하셨어요?
누구	누구 만날 거예요?	누구 사귀었어요?
어디	어디 갔어요?	어디 살았어요?
언제	언제 들었어요?	언제 헤어졌어요?
어떻게	어떻게 왔어요?	어떻게 쓰면 돼요?

　表を見れば分かる通り、疑問詞を使った疑問文は基本的に「LHLLL...↑」
の形になります。これは疑問詞と後ろの部分を含めて一固まりとして認識
されるためです。ただし、3音節の疑問詞である**어떻게**（どうやって）は
「LHH」で発音されることが多いです。

　さて、ここまで学んだところで一つ質問です。**오늘 어디 가요?** は日本

語に訳すとどういう意味になるでしょうか？　実はこれ、2通りの解釈が可能です。まずは「今日どこに行きますか？」と行き先を尋ねる場合、そしてもう一つは「今日どこか行きますか？」とそもそも行くのか行かないのかを尋ねる場合です。どちらの質問なのかによって当然答えも変わってきます。「どこに行きますか？」であれば**명동에 가요.** (明洞に行きます。) のように具体的な場所を答えなくてはいけませんし、「どこか行きますか？」であれば**네, 가요.** (はい、行きます。)、**아뇨, 안 가요.** (いいえ、行きません) のように、イエスかノーで答えることになります。文字では一緒になってしまうこのような質問も、韓国語ネイティブはイントネーションで区別しているのです。

イントネーションで意味が変わる疑問文

　ここで韓国語の疑問文に関して覚えておいてほしいことがあります。それは「最も知りたい部分のイントネーションが強調される」ということです。疑問文の中で最も知りたい部分、それをフォーカスと呼ぶことにします。

　例えば「どこに行きますか？」と言う場合、最も知りたいのは行く場所、つまり「どこ」なのかということです。フォーカスは「**어디**」にあるということになり、その部分のイントネーションが強調されるのです。先ほどの表で練習したのがまさにこのタイプの疑問文です。この文では一番知りたいのは語頭にある疑問詞なので、そこを際立たせています。怒っているときなどは、語尾が全く上がらず、むしろ下がるケースもあります。例：**너 어디 가는 거야?** (おまえ、どこ行くんだよ？)

　では「どこか行きますか？」と聞きたい場合はどうなるでしょうか？気になっているのは「行くかどうか」ということなので、この場合フォーカスは**가요** (行きます) にあり、この部分のイントネーションが最も強調されることになります。

① **아침에 뭐 먹었어요?**
朝、何食べましたか？

② **아침에 뭐 먹었어요?**
朝、何か食べましたか？

③ **어제 어디 갔어요?**
昨日どこに行きましたか？

④ **어제 어디 갔어요?**
昨日どこか行きましたか？

発音してみよう56 TR84

Bの答えが返ってくるようなイントネーションで発音してみましょう。

① A：**뭐 마셔요?** (何飲みますか？)

B：**커피 마셔요.** (コーヒー飲みます。)

② A：**뭐 마셔요?** (何か飲みますか？)

B：**아뇨, 괜찮아요.** (いいえ、結構です。)

③ A：**일요일에 어디 놀러 가요?** (日曜にどこに行きますか？)

B：**요코하마 갈 거예요.** (横浜に行くつもりです。)

④ A：**일요일에 어디 놀러 가요?** (日曜にどこか行きますか？)

B：**아뇨, 집에 있을 거예요.** (いいえ、家にいます。)

⑤ A：**언제 시간 돼요?** (時間作れる時ありますか？)

B：**네, 왜요?** (はい、どうしたんですか？)

④ 納得イントネーション

　納得イントネーションは相手の言っていることに対し、そういうことか！と理解できたときに使用されるイントネーションです。韓国語学習者が耳にするシチュエーションとしてよくあるのは、単語を聞き取ってもらえたときです。「ミョンドン！」「ミョンドン！」と何度言っても分かってくれなかったタクシー運転手に地図を見せたときに**아, 명동!**（ああ、明洞のことかあ！）と言われるあの感じです。皆さんも一度は耳にしたことがあるのではないでしょうか。いかにも韓国語っぽい！という香りのするイントネーションで使用頻度も高いのでぜひマスターしてください。

 聴いてみよう29 [TR85]

音節数	弱い子音	強い子音
1	아, 너!	아, 코!
2	아, 명동!	아, 서울!
3	아, 그래요!	아, 했어요!
4	아, 먹었어요!	아, 한국 사람!
5	아, 가겠다구요!	아, 서운했구나!

　納得イントネーションのポイントは最後の音節で音が急上昇し、その直後に急降下すること。イントネーション曲線だけを見るととても難しそうですが、日本語の信じられないときに「うっ**そ**ぉ」というときのイントネーションもこれに当たりますので、感覚をつかむためのヒントにしてみてください。

　基本的には相手の言うことに納得している感じを与えるのですが、最後の音節における急上昇＆急降下の幅が大きくなると、「納得しているようで

「実は全然信じていない」という皮肉交じりの意味合いが加わってきますので、うまく使いこなしてください。ではここで2通りの**아, 그러셨어요? 바쁘셨어요?**(ああそうなんですか。忙しかったんですか)を聴いてみましょう。①は「忙しかったんですね」と素直に納得しているのに対し、②は「え? へえ〜そうなんだあ、忙しかったんだあ〜ふーん」と完全に疑っているニュアンスになります。

 聴いてみよう 30 TR86

① **아, 그러셨어요? 바쁘셨어요?**
② **아, 그러셨어요? 바쁘셨어요?**

 発音してみよう 57 TR87

① A : **강남에서 일해요.** (江南で働いています。)

  B : **아 , 강남 !** (ああ、江南ね!)

② A : **관악산에 있는 대학교예요.** (冠岳山にある大学です。)

  B : **아 , 서울대 !** (ああ、ソウル大学ね!)

③ A : **부산에 친척이 있어요.** (釜山に親戚がいるんです。)

  B : **그래서 부산에 오셨군요.** (それで釜山に来たんですね。)

④ A : **한국에 5 년 살았어요.** (韓国に5年住みました。)

  B : **그럼 한국어도 잘하시겠네요.**

    (それなら韓国語もお上手なんでしょうね。)

⑤ A : 그냥 아는 동생이야. (ただの妹みたいなもんだよ。)
　 B : 아 , 그러세요 ? 그냥 아는 동생이에요?
　　　 (へえーそうですかあ、ただの妹ですかあ。)

（5）　こぶしイントネーション

　さまざまな韓国語イントネーションを見てきましたが、いよいよこれぞ「ザ・韓国語イントネーション」！という貫禄すら感じさせるこぶしイントネーションのご紹介です。こぶしイントネーションは感情の激しい高ぶりを表現するのに使用されるイントネーションで、相手に自分の気持ちを訴え掛けて揺さぶる効果があります。韓国語があまりできない人でも、これを聞くと「あ、韓国語っぽいな」と感じさせる、まさに「ネイティブっぽさ」がギュッと凝縮されたイントネーションと言えます。

聴いてみよう 31 　TR88

音節数	弱い子音	強い子音
1	야	해
2	오빠	했어
3	미안해	선생님
4	그러니까	짜증 나요
5	알았다구요	시켜 주세요

こぶしイントネーションと名付けた通り、このイントネーション最大の特徴は最後の音節の後でど演歌のようにさく裂する「こぶし」、つまりイントネーションのうねりにあります。最後の音節がぐっと低く抑えて長めに発音され、その直後に音が急上昇したかと思うが早いかまたすぐに急降下します。この「急上昇→急降下」のパターンは納得イントネーションでも出てきましたが、納得イントネーションはそれが最後の音節の中で起こるのに対し、こぶしイントネーションは最後の音節の後にリフレインのようにこの型が現れるのが特徴です。

　このような語末におけるイントネーションのうねりは日本語の中では福井地方の方言にも似たようなものがあります。そこから福井弁と韓国語の関連性を論じる人もいるのですが、おそらく偶然の一致だと思われます。

　語尾が長く発音されると、こぶしの数が二つ三つと増えることもあります。その時、後ろに付くこぶしの数は感情の激しさに比例します。喜怒哀楽の表現が激しい韓国語ネイティブにとって、自分の感情を相手に訴えるために欠かせないイントネーションであり、特に恋人同士の애교 (愛嬌) たっぷりの会話の必需品です。ただ、あまり乱用し過ぎるとしつこい印象を与えかねないのでご注意ください。

①A : 급한 일이 생겨서 이만 실례하겠습니다.
　　　（急用ができたのでこれで失礼します。）

　B : 아이고 부장님, 그러지 마시고 한잔하고 가
　　　세요. （まあまあ部長、そう言わずに一杯。）

②A : 지금 가입하시면 포인트가 두 배입니다.
　　　（今ご加入になればポイントが2倍です。）

　B : 아니 글쎄 됐다니까요! （だから結構ですってば！）

③A : 이게 나 어렸을 때 사진이야.
　　　（これ、僕の子どもの頃の写真だよ。）

　B : 어머 웬일이야 진짜 귀엽다! （いやんマジかわいい！）

④A : 선생님이 왜 그러는지 이해가 안 돼.
　　　（先生のこと理解できない。）

　B : 그러니까 내 말이. （そうそうそれだよ。）

⑤A : 이제 우리 그만 헤어져. （もう僕たち別れよう。）

　B : 미안해, 내가 잘못했다고.
　　　（ごめん、私が悪かったってば。）

ここまで「平常・疑問・納得・こぶし」の四大イントネーションを見てきましたが、韓国語には他にも独特のイントネーションがいろいろあります。そのうち日常生活でよく使われるものをいくつか紹介します。中にはイントネーションで意味合いがガラッと変わってしまうものもあるので注意してください。

念押しイントネーション

念押しイントネーションは自分の意見を相手に強く訴えたり、主張したりしたいときによく使われるイントネーションです。今までは文末にのみ現れるイントネーションを紹介してきましたが、この念押しイントネーションは文末はもちろん、文中にも現れることが多いのが特徴です。日本語でも「だからぁ、それでぇ、わたしがぁ」と文節の末尾ごとに独特の節を付けて話す人がいますよね。念押しイントネーションは、それの韓国語版だと思ってください。まず、このイントネーションが音節数や子音の強弱によって、どのような型を取るのか確認してみましょう。

聴いてみよう32　TR90

音節数	弱い子音	強い子音
1	야	해
2	있지	사면
3	있지만	하지만
4	알겠고요	하셨으면
5	그렇다면요	시키신다면

　念押しイントネーションを発音するときのポイントは、最後の音節で音がストンと急降下することです。落ちる勢いが激しいほど、自分の気持ちを強調したい度合いが高まります。3音節の場合、最後の音節での急降下を際立たせるために、2音節めが低めに抑えられることがよくあります。

発音してみよう59 TR91

色が付いた部分を念押しイントネーションで発音してみましょう。

① **그러**면 **이렇게 할까요?** (じゃあ、こうしましょうか?)

② **글쎄요, 제 생각에**는... (どうでしょう、私が思うには……)

③ **선생님 말에도 일리가 있지**만,
（先生の言葉にも一理ありますけど、）

④ **내가 다 알아서 한다**고. (私が全てうまくやりますってば。)

⑤ **아니 됐고**요. (いや、結構ですってば。)

　念押しイントネーションの練習法として「ラッパー練習法」があります。自分がラッパーになったつもりで「Yo! Yo! Yo!」と言ってみてください。この「Yo!」のイントネーションがそのまま念押しイントネーションに応用できます。最初は~요の付く文章で**알았어Yo!**、**괜찮다고Yo!**のように練習し、だんだんと感覚がつかめてきたら**나야 나!** (私よ私!)、**시끄러워!** (うるさい!) など他のものにも応用してみましょう。

　ちょっと特殊な例ですが、このイントネーションが一文字ずつに適用されることもあります。例えば韓国の軍人が自分の名前を名乗る時に**김! 철! 수!**と言ったり、みんなで声を合わせて**울지 마!** (泣くな!)、**힘내라!** (頑張れ!)

と言うときなどにこのイントネーションが使われます。アイドルの応援など
でよく耳にするイントネーションでもあります。若い層ほどこのイントネー
ションを頻繁に使用する傾向があり、アイドルが自己紹介をしたりインタ
ビューに答えているのを見ると、文末にこのイントネーションパターンが多
用されているのが観察されます。

 聴いてみよう 33 〔TR92〕

①병장, 김! 철! 수! 신고! 합니다!
　（兵長、キム・チョルス！　報告します！）

②우유 빛깔 김철수! 사랑해요 김철수!
　（牛乳のようなお肌のキム・チョルス！　愛してるキム・チョルス！）

③안녕하세요, 김철수입니다.

저는 서울 시내 대학교에 다니는 학생인데요.

고등학교 시절부터 일본어를 공부해서

작년에 일본어능력시험 3급에 합격했습니다.

지금은 일본 유학을 준비하고 있고요.

취미는 영화를 보는 것과 농구입니다.

일본어가 아직 많이 부족하지만

여러분과 많이 친해지고 싶습니다.

（こんにちは、キム・チョルスです。
僕はソウル市内の大学に通う学生です。
高校の頃から日本語を勉強して
去年日本語能力試験の3級に合格しました。
今は日本留学を準備しています。
趣味は映画を見ることと、バスケットボールです。
日本語がまだうまくないですが
皆さんと仲良くなりたいです。）

「Aですか？　それともBですか？」のように候補を二つ提示して相手にチョイスさせるタイプの対比疑問文で使われるイントネーションです。例として、**먹을 거야, 안 먹을 거야?**（食べるの？　食べないの？）、**사랑했어, 안 했어?**（好きだったの？　違うの？）のイントネーションを示します。

 聴いてみよう 34 [TR93]

① **먹을 거야, 안 먹을 거야?**
② **사랑했어, 안 했어?**

日本語ネイティブは
後半の疑問文も
上がり調子で
言いがちなので
注意してください！

まず前半部分ですが、一般の疑問イントネーションとは少し違う形を取ります。弱い子音で始まる場合は全体的に抑え気味で発音され、最後の音節だけが急激に上がります。高い子音で始まる場合は、最初から最後まで高いトーンが維持されます。そして対比疑問イントネーションの最大の特徴は後半にあります。イエス・ノー型の疑問文は語尾が高く跳ね上がるのが基本ですが、このタイプの疑問文では語尾が上がらず平常イントネーション（それもだいぶ抑え気味）で発音されます。日本語ネイティブはどうしても疑問文を発音するときに最後を上げてしまう傾向があるので、注意しましょう。

羅列イントネーション

羅列イントネーションは、「顔も良ければ勉強もできる」「雨は降ってくるわ傘はないわ、散々だったよ」のように、自分の意見に説得力を持たせるためにいろんな例をつらつらと羅列する時に使われるイントネーションです。

例として**노래면 노래, 춤이면 춤**（歌もうまけりゃダンスもうまい）、**돈은 없어, 버스는 안 와**（お金はないわバスは来ないわ）のイントネーションがどの

ようになるのか、確認しましょう。

 聴いてみよう35 [TR94]

① 노래면 노래, 춤이면 춤.
② 돈은 없어, 버스는 안 와.

今まで見たどのイントネーションとも異なる独特のパターンを持っているのが分かると思います。まず音の高さをグッと抑えてから突然高いトーンに移り、羅列しながらそれを繰り返します。

自慢イントネーション

　나 100점 맞았다 (私100点取った) を平常イントネーションで言えば、ただ100点を取った事実を述べているにすぎませんが、最後の**다**を急激に高く発音することで、相手に得意気に自慢しているニュアンスに変わります。
　例として、**이거 선물 받았다** (これプレゼントにもらったんだ)、**좋겠지?** (いいでしょ?) のイントネーションがどのようになるのか、確認しましょう。

 聴いてみよう36 [TR95]

이거 선물 받았다!
좋겠지?

　最後の音節が急上昇することを強調するため、その前の音節の音は低く

抑えられます。最後の音節を高く長く発音すれば発音するほど憎たらしい感じを出すことができますが、あまり度が過ぎると反感を買う恐れがあるのでくれぐれも気を付けましょう。

　その他にも**나 간다?**（私行くよ？）、**진짜로 간다?**（本当に行くからね？）のように自分が何かのアクションを起こそうとしていることを相手に確認するときのイントネーションとしてもよく使われます。

-거든、-을걸のイントネーション

　語尾**-거든**は、イントネーションによって全く異なる意味を持ちます。

　まず下がり調子の平常イントネーションで**받았거든**と言った場合は、相手が知らないと思われる事情を説明してあげるニュアンスになります。それに対して**들었거든?**のように疑問イントネーションの形になると、相手が勘違いしていることを（時にややいら立ちを感じつつ）指摘するようなニュアンスになります。この違いは~**요**が付いて丁寧語になっても同じです。なお、~**요**が付いた時の発音は、ㄴ挿入が起こるので［**거든뇨**］となります（P.103）。

　-을걸もイントネーションによって異なる意味を持つ語尾です。

　まず、平常イントネーションで**일어날걸**と言った場合、「~すればよかった」という後悔の念を表します。一方で疑問イントネーションで**내일일걸?**と言うと「~のはずだけど?」という自分の意見を再確認するようなニュアンスになります。**-거든**と同じく~**요**が付いて丁寧語になるとㄴ挿入が起き、さらに流音化も起きるので、発音は［**을껄료**］となりますが、平常イントネーションの**-을걸**は独り言なので丁寧語にはならず、疑問イントネーションで「~のはずですけど?」と言うときにしか~**요**は付きません。

　それでは、それぞれどのようなイントネーションで発音されるのかを、**나 오빠한테 고백 받았거든.**（私、オッパから告白されたの。）と**어제도 들었거든?**（昨日も聞いたんだけど?）、**일찍 일어날걸.**（早く起きればよかった。）と**시험이 내일일걸?**（テストは明日のはずだよ?）を例に見てみましょう。

 聴いてみよう 37 ［TR96］

① 나 오빠한테 고백 받았거든.

　어제도 들었거든?

② 일찍 일어날걸…

　시험이 내일일걸?

 発音してみよう 60 ［TR97］

① **선생님한테 이야기할 거야, 말 거야?**

（先生に話すの？　話さないの？）

② **닭갈비 먹을 거야? 삼겹살 먹을 거야?**

（タッカルビにする？　サムギョプサルにする？）

③ **외모면 외모, 성격이면 성격, 정말 완벽해.**

（顔もいいし性格もいいし、本当に完璧。）

④ **돈도 잘 벌어, 애들도 잘 키워, 진짜 멋진 사람**
　이야.

（お金はよく稼ぐわ子育てもしっかりするわ、本当にかっこいい人だ。）

⑤ **나 오늘 선생님한테 칭찬받았다.**

（私今日先生に褒められたもんね。）

⑥ **네가 나 안 만나 줄 거면 나 일본으로 돌아가 버**
　린다? （私と付き合ってくれないなら日本に帰っちゃうからね？）

⑦A : 나 다이어트 해야 하거든.

(ダイエットしなきゃいけないんだよね。)

B : 야, 다이어트는 내가 더 해야 하거든?

(ダイエットしなきゃいけないのは私の方だよ。)

⑧A : 오늘 점심 못 먹었거든.

(今日お昼ご飯食べてないんだよね。)

B : 야, 나는 아침부터 아무것도 못 먹었거든?

(ちょっと、私なんか朝から何も食べてないよ?)

⑨A : 그 사람한테 그렇게 심하게 말하지 말걸.

(あの人にあんなひどいこと言わなきゃよかった。)

B : 진심으로 사과하면 용서해 줄걸?

(心から謝れば許してくれるって。)

⑩A : 이럴 줄 알았으면 집에서 아침 먹고 올걸.

(こうなると分かってたら家で朝ご飯食べて来るんだった。)

B : 냉장고에 먹을 게 있을걸?

(冷蔵庫に食べ物があると思うけど?)

　リセットの基準となるのは「意味のひとまとまり」です。これは大抵の場合、文節がその単位となることが多いのですが、厳密にどこまでがひとまとまりであるかというのはなかなか言い切るのが難しいのです。特に**이、그、저** (この、その、あの) などの指示代名詞が付いた場合は伝えようとする内容によってリセットが入ったり入らなかったりします。

　例えば**그 사람** (あの人) と言うときでも、「この人でもその人でもなく、あの人」と言いたい場合は**그 사람**自体がひとまとまりとなりますし、「あの、猫でもなく猿でもなく、人」と言いたい場合は**그**と**사람**はそれぞれ別々のアクセントの単位となります。**밥 먹고 와요** (ご飯食べて来なさい) なども**밥**+**먹고 와요**なのか、**밥 먹고**+**와요**なのか、それとも**밥 먹고 와요**自体をひとまとまりとして見るのかはその時その時の状況によって変わってきますので、周りの韓国語ネイティブが話すのをよく観察して感覚を磨いていってください。

リズム

　音楽でもジャズにはジャズの、ロックにはロックのリズムがあるように、言語もそれぞれ独自のリズムを持っています。例えば日本では昔から俳句や短歌など七五調の詩歌が発展してきましたが、それは日本語ネイティブにとって七五調が「心地良い」リズムだからです。母国語のリズムというのは無意識のうちに身に付いている癖のようなものなので、どうしても外国語で話しているときにも出てきてしまいがちですが、それぞれの言語にふさわしいリズムで話すことは「ネイティブっぽく」話すために非常に重要ですし、さらにリズムは心地良さや聴きやすさに直結します。

　この課では日本語のリズムと韓国語のリズムの違いを学ぶことで、「ネイティブっぽい」リズムで韓国語を話すための練習をします。

① 単語・文節レベルのリズム

　日本語は基本的に平仮名一つが最小のリズム単位となっています。平仮名一つが1拍（モーラ）です。「っ」「ん」「長音」などもそれぞれ1拍として数えます。ただし「きゃ・きゅ・きょ」など「ゃ・ゅ・ょ」は前の平仮名とくっついた状態で1拍となります。俳句や短歌を作る時に基本となるのもこの単位です。しかし、われわれが常に「古池や……」と俳句を読むような調子で話しているわけではありません。実際の発話においては、この「拍」以外に「フット」という単位が中心となってきます。

　まず1拍を♪（四分音符）とします。「よこはま」の場合は平仮名四つの4拍ですから「♪♪♪♪」です。次に2拍をひとくくりとして♩（二分音符）とします、これが1フットです。「よこはま」の場合は「♩♩」となります。「はかた」のように3拍のものはまず「はか」を「♩」として取り、残った「た」は「♪」とな

り、全体としては「♩♪」というリズムになります。これが実際に日本語ネイティブが発音する時しっくり来ると言われているリズムです。

　「っ」「ん」「長音」のような特殊拍を持つものは、そこを優先的に1フットとして取ります。例えば「にほん」のような場合は「♩♪」ではなく、「ほん」を優先的に1フットとして取るので最初の「に」が余って「♪♩」となります。また「わたしが」のように助詞が付く場合は「わた（♩）＋しが（♩）」ではなく、「わた（♩）＋し（♪）＋が（♪）」と助詞は独立させて考えます。これまでのことをまとめると日本語のリズムの基本は下のようになります。

　①2拍（♪♪）が1フット（♩）
　②「っ」「ん」「長音」などの特殊拍は前の拍と合わせて優先的に1フット
　　（♩）として取る
　③助詞は分けて考える

　日本語ネイティブは、2フットを心地良いと感じるようです。略語を作る時に「マスコミ」「プリクラ」「イケメン」「アラサー」など2フット単位でくくることが非常に多いのもそのためと考えられています。

さて、日本語のリズムについては分かっていただけたでしょうか？　では、ここからは日本語のリズムが日本語ネイティブの韓国語にどのように影響を与えるかを見ていきましょう。たとえば**고양이가** (猫が) を、日本語ネイティブは「♪♪♪♪」のリズムで発音しがちです。また**강아지가** (子犬が) は「♩♩♪」と発音されがちです。これは日本語話者が無意識のうちに、次のようなルールでリズムを刻んでいるからです。

　　①パッチムのない音節は1拍 (♪)
　　②2拍 (♪♪) が1フット (♩)
　　③パッチムのある音節は優先的に1フット (♩) として取る
　　④助詞は分けて考える

　これはまさに、先ほど紹介した日本語のリズムをほとんどそのまま韓国語に応用したものです。ここで一つ注意してほしいのは、これはあくまでも「音声的な結果物」に適用されるものであって、ハングルのつづりとは必ずしも一致しないということです。例えば**한국어** (韓国語) の場合、**한** (♩) **국** (♩) **어** (♩) ではなく、音声的にはあくまでも [**한구거**] ですので、「♩♩♩」となります。極端に言えば、カタカナの「ハングゴ」に日本語のリズムルールを当てはめているということです。
　さて、では韓国語のリズムはどのようになっているでしょうか。韓国語のリズムを司るルールは非常に単純明快です。それは「全てのハングルが同じリズムを刻む」ということです。ここでは1拍の単位を「♩」として考えます (それ以上分ける必要がないので) 。**한국** (韓国) はハングル二つなので「♩♩」、**한국어** (韓国語) はハングル三つで「♩♩♩」、**한국 사람** (韓国人) はハングル四つで「♩♩♩♩」です。一見とても簡単そうですが、リズムにメリハリのある日本語が染み付いてしまっている人が韓国語の均等なリズムをうまく刻むのは、思った以上に大変です。

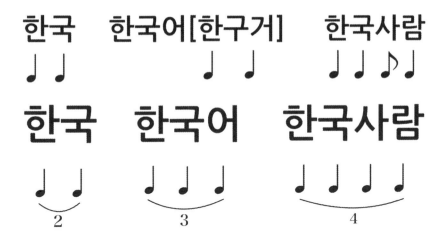

　例えば**남대문시장** (南大門市場) を、日本語ネイティブはどうしても「♩♪♩♪♩」と発音しがちなのですが、あくまでも「♩♩♩♩♩」と言わなくてはいけません。パッチムがある拍とない拍の長さをいかに均一にするかが上達のポイントと言えます。また外来語 (P.126) の場合、特に**치즈버거** (チーズバーガー) のように日本語では長音がある外来語は「♩♪♩♩」と長短を付けて発音してしまいそうになります。ぐっと我慢してあくまでもハングル四つなので「♩♩♩♩」で発音できるように練習しましょう。

　こうして考えてみると、常に同じリズムでビートを刻む韓国語は音楽の中でもラップと非常に相性が良いと言えるかもしれません。

　日本語ネイティブと韓国語ネイティブのリズム感の違いを感じさせる例を一つご紹介します。韓国にParis Baguette (**파리바게트**) というパンのチェーン店がありますが、韓国語ネイティブの間では「**파바**」と略されます。しかし、韓国在住の日本人の多くは「パリバケ」もしくは「パリバゲ」と呼んでいるのです。これは日本語ネイティブにとって「パバ」という語感がなんとなく据わりが悪く、2フットの「パリバゲ」に落ち着かせたいという意識から生じた現象と言えるでしょう。

① 대구　　제주　　서울　　부산　　인천

② 다리미　　　　까마귀　　　　도서관

　핸드폰　　　　닭똥집

③ 여러 가지　　하루살이　　　스마트폰

　스타벅스　　평양냉면

④ 받아 주세요　　반갑습니다　　햄버거세트

　아메리카노

⑤ 디지털미디어　　치즈버거세트　　합동군사훈련

　최신형 아웃렛

〈日本語訳〉①大邱、済州、ソウル、釜山、仁川　②アイロン、カラス、図書館、携帯電話、砂肝　③いろいろ、カゲロウ、スマートフォン、スターバックス、平壌冷麺　④受け取ってください、会えてうれしいです、ハンバーガーセット、アメリカーノ　⑤デジタルメディア、チーズバーガーセット、合同軍事訓練、最新型アウトレット

② 文章レベルのリズム

　では次に、文章全体としてのリズムはどのようになるのかを見てみましょう。先ほど単語・文節レベルのリズムの説明では、「全てのハングルが同じリズムを刻む」と言いました。文章レベルの場合はそれが基本的にそのまま拡張されて「小さな意味の一固まりごとに同じリズムを刻む」ということが言えます。

　例えば**저는 한국 음식을 아주 좋아합니다.**（私は韓国料理が好きです。）の場合、**저는**（私は）、**한국 음식을**（韓国料理が）、**아주**（とても）、**좋아합니다**（好きです）の四つの固まりに分けることができます。それぞれ2拍（♩♩）、5拍（♩♩♩♩♩）、2拍（♩♩）、5拍（♩♩♩♩♩）です。この四つがそれぞれ同じ長さで発音されるということです。左右にチクタク振れながらリズムを刻むメトロノームを考えてみてください。メトロノームが「チク」「タク」いうのと同じリズムで「**저는**」「**한국 음식을**」「**아주**」「**좋아합니다**」が発音されるイメージです。

저는 일주일에 두 번

수요일과 금요일에

한국어를 공부하고

있습니다

　　저는 일주일에 두 번 수요일과 금요일에 한국어를 공부하고 있습니다. (私は 1週間に2回水曜日と金曜日に韓国語を勉強しています。) という文を例に 取って、どのようなリズムを刻むのか左ページのイラストで確認してください。

　　慣れるまではとても難しく感じるかもしれませんが、最初はメトロノーム を超スローにして、とにかく同じリズムを刻む感覚を十分に練習してくださ い。スピードよりリズムを重視してください。だんだんと慣れてきたら、少し ずつメトロノームを早くしていきます。こうして4ビートから8ビート、8ビート から16ビートとレベルアップすればいいです。散歩するときなど一歩一歩歩 きながら練習するのもおすすめです。

　　このリズムを意識して話すことで韓国語に安定感が生まれ、非常に心地 良く聞き取りやすい印象をネイティブに与えることができます。

발음해 보자 62　TR99

最初はゆっくり、だんだん早く発音してみましょう。

①**안녕하세요? 저는 야마다라고 합니다.**

（こんにちは、私は山田といいます。）

②**가장 좋아하는 한국 음식은 부대찌개와 닭갈비 입니다.**

（一番好きな韓国料理はプデチゲとタッカルビです。）

③**이 책으로 연습하니까 한국어 발음이 아주 많이 늘었어요.**

（この本で練習して韓国語の発音がとても上達しました。）

④**끝까지 읽어 주셔서 대단히 감사합니다. 앞으로도 열심히 하세요!**

(最後まで読んでくださりありがとうございました。これからも頑張ってください！)

コラム 11　アクセント・イントネーション・リズムを一人で練習する方法

　「『ネイティブっぽい韓国語』のためにアクセント・イントネーション・リズムが重要だというのは分かったけど、どうやって練習したらいいか分からない」という方のために、今日からでもすぐ実践できる「アテレコ練習法」をご紹介します。

　①ドラマの中から好きなシーンを1分間選ぶ
　②その1分間を何度も見ながらせりふを紙に書き起こす
　③登場人物になったつもりで感情を込めてせりふを読み上げ録音する
　④ドラマを見ながら、③と一つひとつ照らし合わせてどこがどう違ったか細かくチェックする
　⑤③と④を何度も繰り返す
　⑥だんだん慣れてきたらドラマをミュート（無音）にして声優になったつもりでアテレコしてみる

　この練習をする時に大事なのは「その俳優とそっくりになるまでとことんまねる」ということです。そうすることによって、韓国語ネイティブのアクセント、イントネーション、リズムはもちろん、どこで間を取るか、どこを早めに言い、どこをゆっくり言い、どこでリセットを入れるかなどが少しずつ身に付いてきます。
　一つ注意することは「できるだけいろんな条件が自分に近いキャラクターで練習する」ということ。猛練習の結果、すっかり時代劇のしゃべり方になってしまったなどということのないようにしてくださいね！

著者プロフィール

稲川右樹　いながわ ゆうき

Twitter ID：@yuki7979seoul

滋賀県出身。東京での大学時代、留学生だった妻との出会いにより全く興味のなかった韓国の魅力に開眼。韓国語を学ぶため、2001 年ソウル大学言語教育院に語学留学。その後、時事日本語学院、ソウル大学言語教育院で日本語教育に携わる。ソウル大学韓国語教育学科博士課程単位取得満期退学。現在、帝塚山学院大学リベラルアーツ学部准教授（韓国語専攻コース）。2014 年度から 2017 年度にかけて全国 28 都市で韓国語発音セミナーを開催し、延べ 4500 人以上の韓国語学習者に発音指導を行う。Twitter など各種 SNS を駆使して、日本全国の韓国語学習者ネットワークを構築するのが目標。

新装版

ネイティブっぽい 韓国語の発音

2019 年 1 月 21 日　初刷発行
2024 年 6 月 1 日　新装版初刷発行

著　者　稲川右樹

編　集　鷲澤仁志
カバーデザイン　渡邊民人 (TYPEFACE)
本文デザイン　木下浩一 (アングラウン)
本文イラスト　稲川右樹
ＤＴＰ　新井田 晃彦 (共同制作社)、洪 永愛 (Studio H2)
音声ナレーション　安垠姫、稲川右樹
音声編集　爽美録音株式会社
印刷・製本　中央精版印刷株式会社

発　行　株式会社 HANA
〒 102-0072 東京都千代田区飯田橋 4-9-1
TEL：03-6909-9380　FAX：03-6909-9388
E-mail：info@hanapress.com

発　行・発　売　株式会社インプレス
〒 101-0051 東京都千代田区神田神保町一丁目 105 番地

ISBN978-4-295-40974-8 C0087　©HANA 2024　Printed in Japan